ヤマケイ文庫

第十四世マタギ 松橋時幸一代記

Kaizaki Kei 甲斐崎 圭

Yamakei Library

第十四世マタギ　松橋時幸一代記

目次

第一章
一　初マタギ　11
二　比立内　34
三　アメ流し　64
第二章
一　水垢離　93
二　掟　118
三　初猟　142
第三章
一　寒マタギ　167

二　バンドリ　196
三　二人三脚　216

第四章
一　雪片飄々　253
二　日々……　276

終章
萱草の熊　291

あとがき　301
解説　一人のマタギが遺したもの　田口洋美　308

カバー・本文写真＝甲斐崎 圭

写真＝勝峰富雄

N
0
50km
日本海
太平洋
青森
青森
1625
岩木山
弘前
1585
八甲田山
八戸
阿仁地方
能代
大館
森吉山
1454
八幡平
1613
比立内
岩手
2038
岩手山
秋田
盛岡
早池峰山
宮古
1917
秋田

第一章

熊の頭骨、マムシの串刺しなどが囲炉裡の上に吊された「マタギ部屋」。
銃は葬式で使った布を使い、常に手入れを怠らない。

一　初マタギ

薄いヴェールのように降り続いていた雪が熄《や》むと、鉛色の空を割るように、薄陽がさしてきた。

堅雪におおわれた渓《たに》の斜面を下りながら、松橋時幸はふと足をとめて空を見あげた。体はうっすらと汗ばみ、頬は時幸の緊張を物語るように紅潮している。

中学を卒業してやっとひと月が過ぎたばかりの少年にとっては、決して容易な山歩きではなかった。だが、時幸は子供のころから、このあたりの山や渓でイワナやヤマメを釣ったり、ヤマドリを獲ったりしていたから、同じ年頃の少年からすると、歩くことはそれほど苦痛ではなかった。

ただ、山馴れているとはいっても、時幸はきょうほど張りつめた気持で山を歩いたことはなかった。

「明日はおまえさんがたも山さ連れて入る。勢子《せこ》をやれ！」

父の茂治に申し渡されたとき、時幸はいよいよ待っていた日が来たと、心が弾んだ。

勢子というのは山中を歩き、熊を追い出す役割である。沢を歩くのを沢勢子、山中の悪場を歩くのを中勢子、尾根伝いに歩くのをカタ勢子と呼ぶが、熊狩りで犬を使わない比立内《ひたちない》では、勢子は完璧な〝猟犬〟として訓練されてきた。

熊を包囲して撃ち手《ブッパ》のところに追い出す勢子の役回りは、マタギの中でも重要なものだが、その勢子として猟に連れて行くと告げられたのである。

「勢子さ、やらせてもらえるだか」

時幸が勢い込んでいうと、

「ンだ。特別な手柄さ立でようとするごともネだども、自分に与えられた役目だばしっかりと果たさねばなんネ。おまえさんがたが一人でいくら頑張ったところで熊《イダヂ》さ獲れるわけでないんだでハ。ケガだけは気ィつけてやるごとだ」

時幸の気持をやわらげるようにいったのは茂治と同じ比立内マタギの佐藤岩次郎であった。

岩次郎は時幸にとっては先輩マタギであると同時に、熊狩りでは師匠格にあたるマタギといってもいい人物である。

時幸が初マタギで山に入った年から四年ばかり後、岩次郎は脳溢血で倒れ、帰らぬ人となったが、倒れる直前まで時幸は岩次郎のグループで歩いている。ただ、時幸にとって師匠格というのは、実際の猟場での実猟の方法を教えられたということではない。それよりもむしろ、時幸はマタギとしての精神的な世界、気がまえのようなことを教えられたのである。

といっても、わざわざ時幸を呼んで説教を説くようなことは一度もなかった。それは、猟の後で茂治たちと交わす炉辺話や、日常の雑談として話す岩次郎の話の中にしばしば見ることができた。

かつての名人の話や失敗談など、時幸はマタギの心のありようを、ハッとするような思いで聞かされていたのである。

特別の手柄も立てなかったかわりに、大きな失敗もケガもなく、熊狩りのための初めての山入りも終わろうとしていた。

つい先日は鷹巣《たかのす》農林高校大阿仁《おおあに》分校の農業科夜間部に無事合格したこともあり、このまま初マタギが何事もなく終猟すれば、時幸にとっては喜びが二重になる年になるはずであった。鷹巣農林高校大阿仁分校は、時幸が入学してすぐに、米内沢《よないざわ》高校となった。

時幸が猟の見学のために山に連れていかれたのは、きょうの初マタギの三日前であった。熊狩りの話は終猟の後、マタギ衆が集ってひと時を過ごす炉辺話などで、それこそ生まれた時から耳にタコができるほど聞いてきている。もちろん、マタギ衆が獲ってきた熊も、これまでにどれほど見たかしれない。

だから三日前の見学のときには、山入りへの興味や期待というより、むしろ、熊はマタギ衆の話どおり、ほんとうにうまく獲れるものだろうかと、半信半疑めいた気持が強かったのである。

「きょうはどんなふうに熊っコ獲るだか見せでやるがら、おらのとこさついてこい」

そういったのは、その日、ムカイマッテについた湊健二郎であった。

ムカイマッテというのは、猟場の全体が見渡せる沢の向かい斜面に立ち、猟を指揮する役割である。つまり、時幸は春の巻き狩りが一望に見渡せるところにつかせてもらったわけである。

見学しているときには、なるほど、これならマタギ衆の話しているとおり熊は獲れるナ、と納得したものだったが、いざ実際に勢子にまわってみると、見学のときとはちがった角度で猟を見ることができた。

勢子はむやみに熊を追い出せばいいのではなく、数人が一丸となって、撃ち手のところに追い出さなければならなかった。そのためには山の状況、沢の形態、熊の習性、行動を知悉《ちしつ》しておかなければならないのである。

時幸が初マタギで連れていかれた狩り場は河辺郡境にある千百七十メートルの白子森であった。そこは比立内マタギの昔からの狩り場で、天狗ノ又沢、大深沢など、山馴れた者でも難渋する嶮渓が幾つもある。

この猟場は現在でも残っていて、時幸は今でも歩く場所である。


時幸は堅雪の斜面を下りながら、鉛色の雲の切れ間からのぞいている薄陽を振り返ってみた。

初春の空に流れ出た明るい陽光は、喜びの重なった時幸の心の中をあらわしているように思えた。

五月に入り、里の集落では急速に春の気配が感じられる季節になっていたが、一歩山に入れば、まだ冬はいぜんとして厳しい寒気の色を濃く残していた。

ちょっと油断すると、足は雪の中に入り込み、ズボリと埋まる。いったん、股のあたりにまで埋まった足を抜きあげながら歩くのは容易ではなかった。

渓間を吹き抜ける風は肌を刺すように冷たく、立ちどまっていると、アノラックを通して寒気が伝わってくる。渓風は、うっすらと汗ばんだ肌を凍らせるように冷たかった。

しかし、きょうの時幸にはそれを弾ね返すほどの充実感が溢れていた。冬色の山の中でただひとつ春の気配を見せる堅雪を踏みしめる一歩一歩にも力が入り、ひと回り自分が大きくなったように思えた。

無気味な唸りを曳いて、風が渓を吹き抜けていく。

時幸は鳥坂沢にさしかかっていた。渓から舞いあがってくる風の中に、渓水の流れる音が聞こえる。

その音にまぎれて、銃声を聞いたのは雪を摑みとろうとして腰を屈めかけたときであった。咽喉《のど》の渇きを癒すために、雪を頰張ろうとしたのである。

雪面に吸収されるからか、鈍くて乾いた銃声であった。銃声は渓を疾《はし》る風のように谺《こだま》した。

「また、出だか!?」

ついさきほど中型の熊を追い出し、撃ち手《ブッパ》がみごとに撃ち獲ったばかりだったから、緊張感も少しはやわらいでいたところだった。だが、銃声を耳にして、時幸は俄《にわか》に緊張と興奮が昂《たか》まり、体中の全神経が研ぎすまされていくのを覚えた。

中腰になった体勢のまま、下りてきた雪の斜面を振り返ってみる。渓底にむかって、いっきに雪崩《なだ》れ込むような急斜面があり、ところどころに梢に雪を吹き溜まらせた樹木が突き出している。

薄い陽光が雪の斜面に銀白の斑模様《まだら》を描き出し、時幸はまぶしさに目を細めた。

「……何ダ、アレハ？」

目を細めた瞬間、時幸は視界の端に何かしら異様の影を見たように思った。はっきり見たというより、気配を感じたといったほうがいいかもしれない。

掌をかざして庇《ひさし》を作り、もう一度、その気配のあたりを確かめるように見渡してみる。

動くもののあるはずのない雪の斜面の中にまっすぐに渓へむけておりてくる黒い影があった。いや、影というより、それは丸い形をした黒い塊《かたまり》であった。

「イタヂ……！」

叫んだつもりが、ノドが渇いていて、声にならなかった。

時幸が立ちあがると、熊は時幸の動きに初めて気がついたように、数十メートル先の斜面の上のほうで立ちどまった。

熊がおりてきた斜面には、点々と血のあとがつき、立ちどまって高鼻を嗅いでいる雪の上には、鮮血がシミを広げている。

「撃《ぶ》っだナ！」

時幸は思うと同時に、その熊が手負いになっているのを見てとった。

熊と向かいあっていたのはほんの数秒だったにちがいないが、時幸にはずいぶん長い時間のように思えた。

手負いの熊はむしろ無傷の熊より始末が悪い。しかも、時幸が向かいあっているのは、手負いとはいえ、致命傷ではなく、打撃をそれほど受けていないようである。

「ホーイ、ホーリャ！　ホーリャッ‼」

時幸は声をふりしぼって叫んだ。が、熊は逃げるどころか、その声に弾かれたように、時幸のいるところをめがけて、まっしぐらに駆け翔んでくるではないか。

二十歳にならない時幸には、銃を持つ狩猟免許をとる資格がなく、武器といえそうなものは腰にさげた猟用鉈《ナガサ》ぐらいのものである。

ナガサは〝マタギの魂〟ともいわれる道具で、マタギが猟に持ち歩く七ツ道具の中でも重要な猟具である。鉄砲の不発や不意の熊の急襲のときには、ナガサで熊と闘うが、そのほかにも鉈として使うことも多い。たとえ鉄砲を持っていたとしても、マタギは山に入るときには必ずナガサを携帯するのである。

時幸も、ナガサで熊と闘い、熊を獲った先輩マタギの話を何度か聞いたことはあったが、今はナガサを抜く余裕はなかった。

熊は雪を蹴り、翔ぶように時幸に迫っていた。だが、逃がれようのない緊迫感の中で、時幸はその熊が百キロぐらいはありそうだと判断していた。子供のころから茂治や岩次郎たちマタギ衆が獲ってきた熊を見てきた経験で咄嗟《とっさ》に見てとったのである。

と同時に、時幸は渓へむけて数歩飛び、いちばん近いところにあった山毛欅《ぶな》の若木にとびついた。後ろを見る余裕もなく、無我夢中で木に攀《よ》じ登った。登っている足元を追うようにして、吠えるような唸るような熊の息づかいが迫っていた。

数メートル登り、木が双岐《ふたまた》になったところで木枝に足をかけ、立ちあがった。それ以上先へは木枝が細すぎて、上がることはできなかった。いかに十六歳の少年とはいえ、その体重をかければ枝は折れ、時幸は落ちてしまうにちがいなかった。

時幸はしかし、それ以上先へ行けたとしても、もう上ることはしなかった。どれだけ先へ行っても、熊が木に上ってくれば同じことである。

左手で一方の木枝を摑み、もう一方の右手で腰のナガサを抜き、刃先を熊に向けて身構えた。握りのところをしっかりと腹にすえて息を詰める。熊が上ってくれば体ごととび込んで、熊をひと突きするつもりだった。

ナガサを振り回せば熊はその隙をついて叩き落とすにちがいない。ナガサを奪われれば万にひとつの勝ち目もなくなってしまうのだ。

すぐ足の下のほうで熊の吠える声がし、ガリガリと木肌をかきむしる爪音も聞こえた。それだけでなく、熊は時幸のいる木に体当たりするように、全身の体重をかけて、何度もぶつかってきた。

百キロばかりの塊がぶつかるたびに、時幸のいる木はグラグラと揺れ、いつ振り落とされても不思議ではないところにまで、時幸は追い込まれていた。

さきほどの銃声のあとは、一人のマタギ衆も姿を見せなかった。

「熊《イダヂ》、出だァ！」

何度か時幸は叫んだが、その声は風に吹き消されるばかりだった。熊が木に爪をかけ、登ってくるようなことがあれば、もう助かりようがない。マタギ衆の姿も見えず、絶体絶命の窮地に立たされていた。

熊が唸る。腹をえぐるような無気味な唸り声だった。時幸がのぞき込むと、熊はちょうど木の幹に爪を立て、登りかけているところだった。

「熊《イダヂ》、出だどォ‼」

時幸はもう一度、声をふりしぼって叫び、思わず目を閉じた。

その瞬間、何やら鈍い音が根元のほうでおこり、木に伝わっていた震動が止んだ。時幸は仁王立ちになったまま、カッと目を開いて下のほうを睨みつけた。その形相は中学を卒《お》えたばかりの少年とは思えないほど、鬼気迫る仁王さながらの気魄《きはく》がこめられていた。

根元のそばの雪の上では、熊が仰向けにひっくり返り、四肢をかき乱してもがいているところだった。銃痕のためか、あるいは木を登るには体重がありすぎたのか、熊は時幸のいる木に登ることができなかったようであった。

熊はゴロリとしたその体形からは想像もつかない身のこなしで、素速く起きあがると樹上の時幸を見上げ、両掌を振りあげてひと声吠えたて、アッという間に身を翻して渓へむけて走り出した。熊は転がるように一直線に走り、雪の斜面が作り出している渓の陽翳《ひかげ》の中に吸い込まれて、消えた。

時幸は熊の消えたほうを、暫《しばら》くは何も考えずに見続けていた。頭の芯を強烈に殴打されたように、何も考えることができなかった。熊が走り去ったあとには、点々と血の跡がついていた。

ふと気がつくと、木枝を摑んだ腕が、小きざみにふるえている。あまりに強く握っていたからか、指には感覚がなく、木からほどこうとしても、いうことをきかなかった。

ズルズルとすべり落ちるように足をおろし、木の二岐に腰をおろした。再び熊が戻ってくるような気がして、そのたびに、熊が消えた渓の翳《かげ》りのほうを睨みつけた。どのぐらいそうしていたのか、まったく時間がたつのを忘れていた。

「ホーリャ、ホリャ!」

という尾根のほうから聞こえてくる勢子の追い声を聞いたときには、ドッと体中の力が抜けて、樹上から転げおちそうであった。

熊の血痕を見つけたのか、勢子たちはそのあとをたどって、速足で下ってきていた。時幸は木の根元にしゃがみ込み、遠い世界の声でも聞くように、勢子たちの声を聞いていた。

やがて下ってきた勢子たちが時幸を見つけたようであった。

「あれ、佐太郎でねスか。こったらとこさ坐り込んで……熊《イダヂ》さやられたか!」

佐太郎というのは松橋の家の屋号である。集落では、人を呼ぶのに屋号を使うことも多かったのである。

駆け込んできた勢子の長《おさ》が一瞬、緊張感を漲《みなぎ》らせて叫んだ。

「そうでネす。木さ登ってだがら、熊にはやられネがっだども、逃げだ……。すぐに追《ぼ》えばハ、まだ獲れるに違《ちげ》ねっス！」

時幸はそういうと立ちあがり、熊が逃げたほうを指さした。

だが、さきほどまでの充実感は消え失せ、熊を追っていこうという気持もわいてこなかった。いや、むしろもう金輪際《こんりんざい》、熊狩りはやめた、という気持にさえなっていた。

「渓さ入っただか……ンだば、下のほうさ追い出すべし。佐太郎だばおらだちの組さ入れ」

勢子長はしかし、意気喪失した時幸の気持を無視するようにいった。

「それ、行ぐぞ！」

有無をいわせないほどの威厳を響かせて叫ぶと、再び隊列を組んで、ホーリャ、ホリャと声をかけながら、速足で渓を下りはじめた。

その日、時幸の他にも時幸と同年代の少年五人が熊狩りに加えられていた。もちろん彼らも時幸と同じく初猟であった。だが、彼らのうちの誰一人として時幸のような場に遭遇した者はいなかった。マタギ衆に加えられたことの喜びと誇り。時幸にはさきほど熊に襲われるまで、自分が感じていたのと同じような自信を持って、彼らが歩いているのが羨《うらや》ましいような気がしていた。

それは無垢《むく》の自信といってもいいものだったが、熊狩りへの自信を喪失しかけた今の時幸にしてみれば、無垢であればあるだけ、なおいっそう限りない焦燥を覚えてしまうのであった。

熊に襲われて孤立無援の窮地に立たされたとき、時幸は自分が持っていた自信が、音もなく吹きとび、崩れていくのを感じていた。時幸がその一瞬に見せられたのは、きょうまで暮らし、見てきた里でのマタギの世界とはあまりにちがうものであった。

茂治や岩次郎たち比立内マタギが山で獲ってきた熊は生まれたころから見続けてきたものではあったが、熊との闘いがいかに危険で、命がかかるものかを、時幸は現実での危機を体験して骨の芯まで痛感させられていた。

時幸で十四代目になる代々マタギの家に住み、山入りでの危険については日常のことのように身についてきていたはずである。昭和も二十年代の半ばにさしかかり、マタギの世界も昔とはずいぶん変わってきていたが、それでもなお自然は厳然として、人間に過酷な戦いを挑ませる。

十代以上にわたる時幸の先祖たちが、比立内マタギとしてどのような危険と対峙してきたかは想像するよしもないが、それがどのような形であれ、命がかかるという一点については昔も今も、その重さに変わりはなかった。

時幸が初の熊狩りで教えられたのは、比立内というマタギの村を形成してきた何代にもわたる人々が、どれほど痛感させられてきたかもしれない大自然の掟《おきて》といってもいいものであった。

時幸を襲った熊は傷を負っていた。致命傷にはならなかったが、撃ち手《ブッパ》の放った銃弾が体のどこかにめり込んでいるのは、雪面に点々とついた血の跡を見るまでもなく、まちがいなかった。

勢子長は時幸にケガがないことを確認すると、ねぎらいの言葉どころか気遣いの片鱗すら見せず、熊を追うことに集中した。

手負い熊は、人飼い熊、仔持ち熊と並んで三大危険熊といわれる。人飼い熊は人に飼育されたことのある熊で、仔持ち熊とは文字どおり子熊を連れ歩く熊である。

三大危険熊の中でも、マタギは手負い熊だけは全力を賭して追いにかかった。いったん、手にかかった熊は、平常の数倍もの狂暴性と危険性を帯びるからである。手負いになった熊は、人間を見ると必ず襲うといってもまちがいなかった。

勢子長が九死に一生を得た時幸に、何ひとつ気遣いの言葉をかけなかったのも、それだけ緊迫した場にあったからであった。

勢子長の指図にしたがって、数人の勢子が渓を下っていく。ホーリャ、ホリャと追い声をあげる以外、私語を交わす者は誰もいなかった。

あと数百メートル下れば本流の鍰内沢《からみない》に合流するあたりまで来たとき、

「そら、クマ出だァ。そこの鉄砲、油断すなよォ!」

狩り場の状況を見ながら指図するムカイマッテの声が渓の上のほうで聞こえた。

「ホー、ホーリャ、ホリャ!」

勢子の追い声に力が入った。時幸も樹上での恐怖を、まだ記憶のどこかに残しながら、一団に加わり、一心に叫ぶ。叫ぶことで、何かをふり払おうとするかのように声をあげた。

時幸を襲った手負いの熊が、ブッパによってみごとに撃ち獲られたのはそれから数十分後、鳥坂沢が鍰内沢に合流してすぐのところであった。熊は沢を渡り、鍰内沢の対岸の斜面を登ろうとしたところを撃ち獲られていた。

「ショウブ、ショウブゥ!」

という仕留め声を聞いたときには、やはりどこかに安堵感のようなものが流れた。

撃ち獲られた熊は堅雪の降り積もる河原に横たわっていたが、やはり時幸が判断したとおり、百キロ近い雄の熊であった。

「近ごろではめずらしい大物だナ。まずはめでたいごとでよがったなス」

叔父の金蔵が熊の傍《かたわ》らにしゃがみ込み、銃痕を調べながらいった。マタギ衆の誰の顔にも、ホッとしたような安堵の気配が漂っている。

時幸は四肢を伸ばして横たわっている巨熊を見た。すでに絶命しているはずではあったが、今にも起きあがってきそうな凄さがあった。見ているうちにさきほどの戦慄が甦ってきて、時幸はそっと目を外らした。

獲った熊に引導を渡してやる〝ケボカイ〟の儀式も、そのあとの解体も、いつ終わったのか判然としないほど、時幸は茫としたままであった。過ぎゆく時の中に、ただ夢を見るように、浮かんでいるような気持だった。


里に帰り着いたときには、もうとっぷりと陽が暮れていた。

迎えに出た里の人々の口からも、近年にない巨熊が獲れたことの驚きと喜びの声がもれた。

「まずは初猟、ごぐろうさんでしたなス」

人々の中から出てきて、時幸にねぎらいの言葉をかけたのは祖母のスミであった。

スミ婆はやはりマタギの村である隣村の根子《ねっこ》にある佐藤の家から、松橋の家に来た女である。佐藤の家も代々マタギであり、スミはその一生をマタギの家で生きた女であった。

松橋の家もこのスミによって、マタギの家内が守られてきたといってもよかった。

孫の時幸の世話を焼くのもスミの役で、時幸が何か失敗をしたり、意気地のないことをすると、必ず口ぐせのように、

「そんなこどしでだら、いいマタギさなれねス！」

といって檄《げき》をとばすのであった。

だが、さすがにきょうは孫の疲れきった様子を察してか、言葉少なく、ねぎらいの言葉を口にしただけであった。

時幸にやっと平常心がもどったのは、部屋で燃えている薪ストーブで暖をとってからである。

「疲《つが》れだが……」

そういったのは、岩次郎である。

「ああ、疲れたス……」

時幸は答えたが、声は意外にしっかりしていた。

「そのぶんならだいじょうぶだナ」

岩次郎は微笑しながらいったが、表情を少しばかり引きしめると、

「時幸だば、きょうは誰もが経験できネことさ出会ったスな。マタギが山さ入れば命

がけだということを、身を持って体験したでや」

時幸はストーブに薪を足しながら、ゆっくりと頷いた。

「そんだごどは、やりたぐたって誰もができるものでないのハ。時幸だば、いずれは統領《シカリ》になる男《ひと》だから、きょうのことは山神様《さんじん》が試されたのかも知れねスな」

岩次郎はそういうと茶をひと口飲んだ。比立内でもそうだが、根子や打当《うっとう》でも、熊と闘ったマタギの〝武勇伝〟を、時幸はいくつか聞かされて知っている。彼らはたしかに立派な統領《シカリ》になっているが、時幸のように初の山入りで熊に襲われたという話は、まだ聞いたことがなかった。

「……岩次郎さんも、熊と闘っだこと、あるだか？」

「ああ、ある。昔と今はちがうことも多いども、一度山さ入れば命がけというのは時代がかわってもちがいはネのハ」

「熊さかがってきたどき、恐《こわ》くはネがったすか……」

自分はもう、熊狩りには二度と行きたくない、という言葉が口をついて出かけたが、それを胸の中に呑み込みながら、訊いた。

「熊だば、今でもおっがね。だども、熊もおらだちをおっがねど思ってる。時幸よ。これは闘いだ。山神様が比立内に生まれだおらだちに下知《げち》されだ宿命《さだめ》だ」

そういった岩次郎の目は、山の中での険しさこそ漂っていなかったが、ドキリとするほど真剣で、時幸は導かれるように頷いていた。

その夜、床に入って目を閉じると、じっと時幸を瞶《みつめ》ていた岩次郎の目が甦ってきた。

「岩次郎さんだば、あのとぎ俺に何さいいだかったんだべか……」

ふと時幸は考えてみる。あのときはただ岩次郎の真剣な目に導かれるように頷いたが、岩次郎が本当にいいたかったのは他にあるにちがいない、と時幸には思えたのである。

万事万三郎を始祖とし、以来永々として伝えられてきたマタギの習俗も、第二次世界大戦を境として、急速に変貌し、消えていったものも多かった。

というより、それ以前からも移りゆく時代の中でマタギの世界も変わりつつあったのだが、戦後の新しい時代の波は、選択の余地も伝統の習俗を守る余裕も残さないほど急速で激しく、生活様式の近代化に拍車をかけたのである。

岩次郎や茂治たち明治生まれのマタギが初マタギを経験したのは大正に入ってからだが、当時でさえマタギ言葉の大半は使われなくなっていたし、儀式や作法の中にも行われなくなっているものもあった。

だが、戦後の新しい時代の波は生活様式だけでなく、狩猟法の改正、地域開発など、あまりに変貌が大きかった。

昔とは様がわりしたものに、山入りのときのマタギの装備がある。

民俗学上のマタギの伝統の装備といえば、足にワラ製の靴《ツマゴ》をはき、膝下から足首までは蒲《がま》で作ったすね当て《ハンバキ》をつけ、ズボンは布の雪バカマ、上着は腰あたりまでの長さの木綿製筒袖のミジカ、胸には前《メエ》かけをかけて防寒用のカモシカ皮で作った袖なし《キガワ》をつけるというものだった。

また、手にはカモシカ皮の手袋《テッキャシ》をはき、頭には布を三角に折ってその上に編笠《アマブク》をかぶった。

この着装をしてから、腰に弾帯とナガサをつけ、食糧などを入れた背負い袋《アミコダシ》、カンジキを背負って、銃を肩にかけ、一メートルほどの雪ベラ《コナガエ》を持つというのが昔のマタギの姿であった。

それが戦後になると、このような伝統的な装備で山入りするマタギは皆無といってもよく、近代的な装備になっていた。

それは、たとえば防寒着としてはアノラックやヤッケ、ズボンはニッカボッカやスキーズボン、足回りはゲートルを巻いたり、ゴム長靴、これにカンジキをはいて、頭はハンター帽や毛糸帽をかぶるというものであった。

しかし、と時幸は考える。

カモシカは大正七年に特別天然記念物に指定され、保護獣になったのだから毛皮も使えず、キガワやテッキャシが作れなくなったのは当然だが、その他も変わってゆくのはやはり、時代の波にちがいない。

けれども、昔も今も変わらないのはマタギの装備が軽装だということではないか、と。

山深く、峻嶮な山渓を巡って獲物を追うマタギにとって、身につけるものは行動しやすいということが第一条件である。まして、きょうのような万一の場合、行動しやすい装備でなければ、たちどころに熊の餌食になっていたにちがいない。

いかに時代が変わり、マタギの装備や習俗が近代的になろうと、一歩山に入ってからの危険性や難渋さは変わりはしない。

「岩次郎さんが比立内に生まれたマタギの運命といったのはハ、おらたちの心がまえのごとでネがったのか……」

自然を敬い、虞《おそ》れながらも山人《やまびと》として失ってはならない勇気。それがマタギの根性だということを、岩次郎は伝えようとしたのではなかったのか、と時幸には思えるのだった。

まだマタギとしては初マタギを経験したばかりの時幸には、それが実際にはどんなものかわかるはずもなかったが、岩次郎の全身から伝わってくる真剣さが、そんなことを語っているように思えてならなかった。

急激に襲ってきた睡魔の中で、時幸を睨る岩次郎の目と、不気味に吠えてかかってくる熊の姿が錯綜し、時幸は眠りに陥った。

二　比立内

時幸が生まれたのは、昭和九年三月二十五日、降り続いていた雪が珍しく熄《や》み、久しぶりにのぞいた陽光が雪を銀白色に輝かせている日であった。

風のない穏やかな日ではあったが、山深い比立内では三月の終わりであっても、外気は凍るように冷たく、春まだ遠い季節である。

茂治が家の中から聞こえてくる赤ン坊の泣き声を耳にしたのは、屋根に降り積もった雪をおろしているときであった。

赤ン坊の声はピンと張りつめた冬の大気をつき破るほど甲高く、激しくて元気がよかった。

茂治はフッとひと息つくと、雪ベラを突き立て、雪おろしの手を休めると下へ降りていった。

玄関先へ歩いて靴に張りついた雪を落としているところへ、奥の部屋からスミが駆

け出して来、

「茂治、男の子さ産まれだ！　元気な子だ」

それだけをいっ気にいうと、またドタバタと奥へ駆け込んでいった。

「ンだか。男だか……」

茂治が呟いたときにはスミの姿はもうそこにはなかった。

あいかわらず生まれたばかりの赤ん坊の産声《うぶごえ》は聞こえていたが、茂治にはまだ実感がなく、ポカンとしたような姿で玄関先に突っ立っていた。

それに、今の茂治にとってはあとひと月もしないうちに始まる春猟のほうが気がかりでもあった。

時幸が生まれたころには、まだ比立内にも男の子が生まれた者は五日間、女の子の場合は一週間の山入りが止められるしきたりが残っていた。

しかし、春猟にはまだ間があるから、茂治が山入りを止められることはなかった。

それよりも茂治が気になっていたのは、今年の猟がどうなるのだろうかということである。ここ数年東北地方は冷害に襲われ、昨年の昭和八年を除いて凶作が続いていた。比立内もその例外ではなく、山の木の実なども不作で、思ったほどの好猟に恵まれていなかったのである。

家の中に入ると、産湯《うぶゆ》をとり終えたばかりの赤ン坊が、手足をいっぱいに伸ばし、声を張りあげて泣いていた。

「ホレホレ、元気な子だなス。あんだも早ぐ大ぎぐなって、一人前《メエ》の比立内マタギさなんねばな。だども、あんだだちの時代は幸せだよ。バスさ乗れる時代だもの」

スミが目を細め、初めての孫を抱きかかえて微笑《ほほえ》みかけた。

「ほんどにナ。今年はバスさ通るものな。ゆくゆくは鉄道も通るかも知れネ時代だ」

茂治が赤ン坊をのぞき込みながらいった。

昭和六年に着工された阿仁合線敷設工事はこの年にはすでに終わっていて、奥羽本線鷹巣駅と阿仁合の間は鉄道で結ばれていた。しかし、阿仁合から先は交通手段がなく、二時間も三時間もかけて徒歩でいくより仕方がなかったのである。だが、今年は阿仁合、比立内間十三キロにバスが走ることになり、街までの距離は格段に短縮されることになる。

隣のマタギ集落根子から、嶮岨な山道を越えて比立内に嫁いできたスミにしてみれば、まさに隔世の感があった。

そんなことを話しているところへ、誰かがやってくる足音が聞こえた。

「男の子さ生まれだってか」

大声でいいながら入ってきたのは金蔵であった。金蔵の声に驚いたのか赤ン坊は手足をビクリと動かしたが泣き出しはしなかった。

「兄さん、そんただ大声出すと赤子さびっぐりするでねえか」

キン子が床から兄の金蔵を叱るようにいったが、言葉に怒る様子はなかった。

「なあに、マタギさなる子だもの。おらの声にびっぐりするぐれなら一人前にはなれネ」

金蔵はいいながら、ドカリと囲炉裡端に坐り、手をかざした。

「今年は寒マタギさやっでも、ウサギもあまり見がげねども八、どうしたものだがな」

金蔵が溜息まじりにいうと、

「ンだ。誰に聞いでもそんだ話さしてる」

茂治が答え、炉に薪をくべ足した。

炉辺での話はやがて春猟の話に移っていった。

比立内という地名は、アイヌ語の〝ひひ内《ない》〟という言葉から出たものだといわれている。その語意は、小樺などの美しく繁る沢、あるいは谷間の流れを意味する。

アイヌ語がもとになっているのは、その昔、この地に先住民族が住んでいたからかもしれない。

比立内は現在、阿仁町に属しているが（二〇一四年現在、北あきた市の一部）、これは昭和三十年、町村合併促進法によって、阿仁合町と大阿仁村が合併してできたものである。根子《ねっこ》、比立内、打当《うっとう》などのマタギ集落は、阿仁川沿いに点在するが、これらの集落はすべて旧大阿仁地区にあったのである。

阿仁町は東北地方の北西部、東経百四十度、北緯四十度に位置する。約三万七千ヘクタールの面積は県内第五位の広さを誇るが、約九十三パーセントは山林という山国なのである。

その山々は奥羽山脈から出羽丘陵にかけて大平山、大仏岳、森吉山など千メートル級の高峰で、阿仁は東北地方の脊梁《せきりょう》地帯のもとに生まれた土地なのである。

これらの峻峰嶮渓から生まれ出た一滴の水は、多くの支沢、枝沢の水を集め、峻嶮な渓谷を縫い、削りながら、一方では三十五キロの打当川となり、もう一方は大仏岳を水源とする三十二キロの比立内川となって、山間に開けた狭隘な平地を流れ、緩やかな弧を描きながら比立内で合流する。

比立内川はさらに水を集めて南北に流れ、阿仁川となり、最終的には米代川に合流して日本海に注ぐのである。

この川筋を利用して、木材輸送や銅山関係の物資などを輸送していた時代もあったが、堰堤やダムの敷設、河川開発や陸上輸送の発達などによって、次第に姿を消した。だが、陸路を隔絶した往古の時代には、この川筋の輸送路こそが唯一、京都や大阪など都市文化の流入口となっていたにちがいない。

比立内川と打当川の合流する比立内は、同じ山峡の地ではあっても、根子や打当などのマタギ集落とは少しばかりちがっていた。

狭隘な山間地とはいっても、比立内には少ないながらも田畑を作る平地があった。比立内に開拓の鍬《くわ》をおろしたのは、越後国三島郡に住んでいた与助市兵衛だったと伝えられている。

市兵衛は事情があって越後を離れ、比立内から山ひとつ越えた隣村の仙北郡西根村に住んでいた。ある日、西根村の住人の一人が比立内まで猟に行き、赤平の沢で熊を射止めた。この時、男はあたりが平地になっていて、このぶんなら田畑十万刈も起こせるのではないかと考えたのである。

それを村に帰ってから市兵衛に告げると、市兵衛は何やら啓示を得たようにハタと膝を打った。市兵衛は雪が消えるのを待ち、食糧や農具を準備すると、兄弟で比立内に入り、開拓に着手した、という。

　これが慶長年間のことであり、後の寛政年間には比立内の戸数は五十戸にまで増えている。

　もうひとつ、田畑を作る平地があったことに加えて、比立内が他のマタギ集落とちがっていたのは、宿場的な様相を持った集落だったことである。

　比立内から約二十キロ離れたところに阿仁鉱山があり、比立内は仙北平野から、この鉱山へ物資を輸送する中継地となっていたのである。したがって、比立内には鉱山関係の仕事を兼ねる家もあり、松橋の家でも木炭や米など、鉱山に運ぶ輸送の下請けをやっていたこともある。もちろんそれは時幸の生まれる以前のことだが、当時は労働者を下宿させるために屋敷を大きくし、間取りも下宿風に変えたが、村に旅館があるわけではなかったので、自家の労働者の他、馬曳きや作業労働者が泊まることも多く、家には多くの男たちがいたものだという。

　もともと森吉山一帯は、秋田藩佐竹氏の金山があったところだが、後に金が掘り尽くされてからは銅山として採掘が続けられていた。

　阿仁銅山は明治八年に工部省鉱山寮の経営になり、十八年には民間に払い下げになっている。

松橋旅館には熊の剝製や、
かつてマタギの必需品だった装備が展示されていた。

大正五年ごろには空前の産出量をみたこともあったが、時幸の生まれるころには、ひところの景気は失われつつあった。

松橋の家でも、かつて労働者を下宿させていた家の造りを転用し、昭和六年ごろには、「松橋旅館」としての看板を掲げている。

比立内から繋《つなぎ》沢沿いに、鉤掛森、赤倉森を通って仙北の桧木内、角館に抜ける峠道がある。これを大覚野街道といって、銅山への輸送路であると同時に、生活道路として重要な道であった。

もっとも、街道とはいうものの、道幅は五十センチあるかどうかの細い歩道であり、しかも険しい山越えの道であったから、物資は人の背か馬に曳《ひ》かせるしかなかった。昭和四十年代に国道一〇五号線が開通するまでは、人々はこの山道をたどって往来したのである。

山道をたどり、峠を越えてやってくる人々は、同時に町のにおいを運んできた。けれども、いかに村を訪れる人々によって町のにおいが運ばれようとも、マタギの集落としての比立内が、峠のむこうと同じ町になるわけではなかった。

わずかながら開かれた田畑があるといっても、やはり高峰峻渓は動かず、一年の半分以上は深い雪に閉ざされる土地である。明治の末ごろから営林署の手が入って伐採が始まったとはいっても、当時はまだ原生林を多く残し、山中には熊やウサギ、テンやタヌキなどの大小の獣が棲んでいたのである。

田畑作業のできなくなる雪の訪れは、村の人たちにとって、マタギとして熊狩りを始める季節が来たことを告げるものであった。

雪が山野を埋めると、村の男たちは待ちかねたように鉄砲を手にして山に入っていく。

生まれたときからそんなマタギ衆の姿を見て育ったためか、時幸はヨチヨチ歩きするころから、ダーンと鉄砲を撃つまねをしたりしていた。山入りする男たちについていこうとしてたしなめられることも二度や三度ではなかった。

それだけに茂治をはじめ、男たちが山に入った日は退屈であった。

時幸が四歳になったある日、いたずらざかりの手足をもてあまして、玄関先でキョロキョロとあそび相手になるものをさがしているときであった。

「ハイ、郵便！　母さんに渡してでけれ」

ガラリと戸が開き、配達夫が微笑しながら郵便物をさし出した。

時幸は郵便物を受けとったが、何やらかっこうの対象を見つけたように目を輝かせ、配達夫のほうを見ていた。

配達夫は短いスキーをはき、手に持ったストックで雪を突きながら、歩いていく。いつも見慣れているものではあったが、ヒマをもてあましていた時幸には、ストックを持って歩いていくスキー姿が、いかにも面白いものに思えたのである。

あたりを見ると、客が置いているものか、玄関の壁にスキーが立てかけてあった。見つけるが早いか、時幸は手にしていた郵便物を上り口に放り投げると、スキーを持って表に走り出た。

さっそく見よう見まねでサンダル式になったヴィンディングに足をはめる。だが、立ちあがった途端、ストックをつく暇もなくツルリとすべり、大きく尻もちをついてしまった。

大人用の大きなスキーだったこともあり、四歳の時幸にはもて余したのである。何度目かに尻もちをついたとき、

「ホウ、スキーやってるだか。けどまァ、尻ですべったほうが早《は》えみでだな」

昨夜から泊まっている客がからかうようにいった。

「けいこしてたんだ。スキー乗っで、熊獲りに行がねばなんねがらな」

時幸は顔を顰《しか》めながら、男を睨んだ。男は時幸の大人びた口調がおかしかったのか

プッと吹き出し、

「ンだか。えらいもんだなや。マ、しっかりけいこしで、大きな熊さ獲ってこい」

口調にだけは神妙さを漂わせていった。そして、腰をかがめて時幸の頭をなぜると、笑いながら長靴をはいた足で大股に雪を踏みしめ、歩いていった。

時幸はその背をキッと睨みつけながら、

「ようし、見でれ!」

叫んで立とうとした途端、また転んでしまった。

その日から長い大人用のスキー板との格闘の毎日が続いたが、その甲斐があってか、時幸は数日後には板の短い少年用スキーをはいて歩けるまでに上達していた。

一度すべれるようになると面白さが増し、マタギ衆が山に入らない日でも、雪の降るのもかまわず、あそびまわった。

当時のスキーは、今でいう山スキーであったが、腕をあげた時幸は八歳の時には自分の背より長い五尺五寸のスキーがはきこなせるほどで、まだスキーを覚えはじめた近所の少年たちを羨ましがらせたものであった。

日本軍と中国軍が北京郊外で衝突したことから、昭和十二年に勃発した日華事変は、その後戦況を深めるばかりであった。

『秋田魁《さきがけ》新報』でも紙面は戦況を告げる記事で埋められ、昭和十五年には横浜、名古屋、京都、神戸の四大都市で、砂糖やマッチなどのキップ制が実施されていた。

翌十六年には衣料や食糧など、不足の激しい物資は配給制になるまでに深刻化していった。

戦争の影響は都市とは隔絶されたようなマタギの集落にもあらわれ、時幸の通っていた大阿仁小学校も国民学校になっていた。以前なら悪戯《いたずら》をしたときなど、

「そんだごどしでだら、いいマタギさなれネぞ！」

といって叱られたものだが、このごろでは「いい兵隊さんになれネぞ」といわれることが多くなっていた。それでも祖母のスミだけはマタギの家の中に身を置くことが自然であるらしく、いいマタギになれないという叱り言葉を変えようとしなかった。

スミには、たとえ天地を覆すような戦争があったとしても、マタギはマタギとしての生き方があるという堅い生きざまが根づいているようであった。

昭和十六年に入ると、三年前に公布された国家総動員法はいっそう強化され、比立内からも戦争にかり出されていくものも出はじめた。

まだ若いマタギの一人を送り出す壮行会のあった日、スミは、

「戊辰の戦《いく》さのときにも、マタギの働ぎよがったんだがら、戦地さ行ってでもお国のためにいい働ぎするにちがいネハ」

ポツリと独り言のように呟いた。

「ボシン、だか？」

時幸が訊《き》くと、

「ああ、ンだ。昔の戦さだども、マタギの働ぎは士《さむらい》でもかなわながっだど……」

戊辰の役は明治元年におこった官軍と旧幕軍、東北諸藩の戦役である。この戦役で、秋田藩佐竹義堯《よしたか》公は熊にもひるまず生死を賭けてむかっていくマタギの勇気と射撃の巧みさに注目し、彼らを徴召したのである。

徴召されたマタギたちは、〝新組〟と呼ばれ、戦闘員として火縄銃を手に、仙北、大館付近で闘いをくり広げたのである。

ちなみに、戊辰の役で応召したマタギは、根子で二十五人、比立内から三人、打当では四人となっている。

スミは子供のころ、戊辰の役でのマタギの働きを聞かされたことがあり、それがふと思い出されたのであろう。

だが戊辰の役とはちがって、戦闘は海外である。しかも十二月八日には日本海軍はハワイ島の真珠湾を急襲し、アメリカ、イギリス、オランダを相手にした戦争が始まろうとしていた。

　マタギたちの炉端での話も猟の話より、話題の中心は戦況についてのことが多くなり、世情が暗くなりつつあることをうかがわせた。

　集落会、町内会、隣組などの組織が全国的に設けられるようになったが、比立内でもそれは例外ではなかった。このころでは、各会長や組長が先頭に立って、毎日のように防空演習を行い、マタギたちも猟に行く時間がないぐらいになっていた。

　けれども、山に棲む獣たちにとっては、人間がひきおこした人間同士の争いは関係のないことである。木の実の不足が影響しているのか、防空演習のまっ最中に、熊が里のすぐ近くまでおりてきて、姿を現わすということもあった。そんなこともあったのでマタギたちは五回の猟を一回に減らしてでも猟に入らなければならず、まったく猟に入らないということはできなかった。

　しかし、この時代、防空演習などよりもマタギたちにとって戦争の影響を直に痛感させられたのは、火薬の不足であった。

　弓矢や槍で猟をしていた古い時代とはちがって、鉄砲はマタギの猟には欠かせないものになっていた。

弓矢や槍が火縄銃にとってかわったのは江戸時代後期のことである。この時代、鉄砲は武士階級を除いては幕府や藩の厳しい管理の下におかれた禁制品であったが、マタギたちは熊の胆や毛皮の上納を条件に鉄砲を使うことが許されていたのである。

火縄銃は弓矢や槍を使う〝直接猟法〟を画期的に進歩させるものではあったが、難点がないわけではなかった。火縄銃は第一に重く、銃口から火薬と鉛弾を込める「先込め方式」で、取り扱いが面倒でもあった。

しかし、それも時代が進んで明治中期になると村田銃が生まれ、銃はマタギにとってますます欠かせない猟具になっていく。

村田銃は手元で弾を込める「元込め方式」で重量も軽く、火縄銃に比べるとはるかに扱いやすく、真鍮雷管を使って威力も数段優れていた。村田銃は銃を使うマタギの「近代猟法」の基礎になったといってもいいかもしれないが、しかし、火薬がなければいかに銃があるとはいえ、鉄砲はただの鉄の塊同然である。

仲間同志で火薬を分かちあえるあいだはまだよかったが、このごろではそれも間にあわなくなってきていた。

秋猟をひかえたある日、時幸が学校から帰ってくると数人のマタギたちが座敷に上り込み、雑談をしながら何かを作っていた。

防空演習だの防空壕掘りだのが続く毎日の中で、それは時幸にとってはちょっとばかり好奇心を惹かれる光景だった。

大人たちの中に坐り込んで、黙って彼らの作業を見ていると、

「面白《おもしれ》か……」

一人のマタギが時幸をちらっと見て訊く。ツンと鼻を刺激するようなにおいが、どんよりと澱《よど》んだ部屋の空気の中に漂っていた。

「面白いって……何やってるだか、わがんねな」

時幸は正直に答えた。

「これか。火薬さ作《つ》ってるどごだ」

「へえ、火薬が……そんなもの作れるのが」

「ああ、作れンだ。火薬さ手に入ンねぐなっだがら、黒色火薬さ作ってるんだ」

「コクショクカヤク、っていうだか」

時幸は初めて耳にする火薬の名を、確かめるように呟いた。

黒色火薬というのは硝石約七十パーセントに硫黄と木炭をそれぞれ十五パーセントずつ混ぜて作る火薬である。部屋に漂っていたツンとしたにおいは硫黄のものだったかもしれない。

「火薬、作れるだか……」

「ああ作れる。普通の火薬さ手に入ンねがらこれさ作らねば獲物も獲れねがらな」

「たンだこの火薬だば力無《ちがらね》ものだがら、よほど近づげてやらねば効《き》がね」

別のマタギが誰にともなくいった。

「ンだべ。このあいだなんかもいい具合にウサギさ出でだがら、ポンとやっだども、なんもハ、当ってても何ともネんだものな。距離あれば使えねっちゅうごとでないがと思うんだがな」

「たしがにナ、威力は三分の一もちがうべ」

黒色火薬は爆発力の弱い火薬である。それに煙も多く、この火薬を使うと銃はすぐに煤だらけになってしまうのであった。

普通は花火などのほかにはあまり使われないが、質の悪い黒色火薬を作るでもしなければとうてい銃は使えず、マタギには猟のできない時代だったのである。

集落を見おろすように聳《そび》える山々は、原生林が伐採されたあとに植林された秋田杉が目につく林が多くなっていた。

だが、造林地が多くなったとはいっても、なお山々の峻峰嶮谷は、威容を保ち、堂々とした姿をたたえていた。

　しかし、里のほうでは戦況が深まるにつれて、それを反映するかのように少しずつ変化をみせはじめていた。

　時幸の家の近所にあった営林署の土場《どば》は、昭和十六年ごろには単板《たんぱん》工場が設けられ、機械の音がとぎれる日はないほどであった。土場というのは貯木場のことだが、ここに建てられた工場では、戦闘機のプロペラにするための単板《ベニヤ》を作っていたのである。

「あれ、トッコさんでないが。まずはちょうどよかったな。さがしでたところでハ」

　学校へ行こうとして玄関をとび出した時幸に声をかけてきたのは、単板工場の工場長をしている小林だった。小林は工場ができてから松橋旅館に下宿していて、ごく近しい者が呼ぶ〝トッコさん〟という呼び方で時幸を呼んでいたのである。

「おじさん、何か用事でもあるスか？」

「ある、ある。あのな、時間のあるときでいいだども、魚さ釣れるどこに案内してけねかと思ってハ、それさ頼みだくてさがしでたところだ」

「魚釣るどこ？」

「ンだス。イワナとかヤマメさ。山さ行げば釣れるって聞いたどもハ、山も渓も深いみてだし、案内してもらえば助かるんだどもナ」

戦時下に魚釣りをするなど、都会《まち》では非国民よばわりされるところだろうが、魚を獲ることも生活の中では重要視されていたこの山里ではそんなこともなかったのである。それどころか集落総出で毒流《アメ》しをするのが恒例であり、魚釣りに行ったからといってとやかくいう者はいなかった。

時幸は小林が、毒流しなどの方法で魚を獲りに行くのではなく、釣りに行くといったのが不思議であった。

「おじさんの都合のいいときだば、いぐらでも案内するよ。毒流《アメ》せばたぐさん獲れるどこあるがら」

「いやいや、私、釣りをしだいんだ、釣れるどこさ連れでってけれねばナ」

「ここの川だばイワナやヤマメはどごにでもいるがら、魚さいれば釣れるって」

時幸は少年らしいあどけなさでいう。

そのころ、釣りといえば、ニガフェと呼ぶワカサギに似た魚をタニシを餌にして釣るかチカを釣るぐらいのもので、それも田圃脇の疎水にまでいたから、せいぜい春休みに行くだけであった。

イワナ、ヤマメは釣りの対象ではなく、事実、産卵期に入る秋のころには、一歩山に入ると溯上する魚が渓水を黒々と埋めるほどに群れ、養魚場のようであった。

「勉強さ、楽しいが？」

小林がいった。

「ウン、勉強して士官学校さ入って、立派な軍人になるンだ」

時幸は胸を張って答えた。当時、士官学校は仙台にあったが、時幸は立派な兵隊になるには士官学校に行くことだという話を誰かから聞かされ、それを憶えていたのであろう。

「ンだか、えらいな。だバ、しっかり勉強しで、お国のために頑張らねばな」

小林はそういうと、ノンビリしてはいられないといったかっこうで、急ぎ足で工場へむかった。

まだこの集落の空には戦闘機も輸送機もほとんど機影を見せることがなく、表面上は閑《のど》かで静かな山村のたたずまいを見せていた。


山々の静かな風景とは逆に、集落は知らず知らずのうちに戦争の渦に巻き込まれ、軍事色が強くなっていくことでは都会《まち》と変わりがなかった。

昭和十七年、日本は太平洋のミッドウェー海戦で惨敗していたが、窮地に陥っていく戦況は殆ど伝えられず、新聞やラジオなどでも日本が善戦しているかのような報道が日々流され続けていた。

しかし、そんな報道とは裏腹に、山間の集落でも戦況が厳しくなっていることを裏付けるような気配が感じられるようになったのは十八年ごろからのことである。

女たちの服装はほとんどがモンペ姿になり、男もマタギ衆の中にも五つボタンの国民服を着用する者が多くなっていた。当時の集落の空気には、そうしなければ白い目で見られてしまうような雰囲気さえあったのである。

しかし、マタギたちにとって深刻だったのは、そうした外見上のことではなかった。それを完璧なまでに感じさせられたのは、鉄砲の強制供出である。

集落会の上部団体の役員や警察官の不意の訪問が、目に見えて多くなっているということはあったが、それがまさか鉄砲の強制供出になろうとは、誰一人想像しないことだった。

彼らは表面上は事情伺いとして各家庭を訪れ、まるで家の中にあるものを点検でもするように細かに聞いていく。刀剣類はもちろん鍋釜まで、鉄や銅でできたものはほとんどが供出を強いられるのである。

ただ、鎌や鍬、それに山鉈《ナガサ》は山村での生活必需品であったからか、かろうじて供出を逸れているようであった。

それにしても鉄砲まで持っていくというのは、マタギの村に生きる者たちに、マタギ生活を捨てろというようなものである。

鉄砲を強制供出させられてから何日かたったある日、茂治が何か深く考え込むようなかっこうで、炉端に坐っていた。炉端には一丁の村田銃が置いてあったが、それは供出した銃とはちがう銃であった。茂治の向かい側には同僚マタギの佐藤岩次郎や松橋義蔵たちが坐り、やはり深刻な表情をうかべている。

岩次郎は銃を手にとると、

「これだば猟もでぎね。形は銃だどもハ、熊さ撃《ぶ》でといわれてもな……」

岩次郎が手にしたのは貸与《たいよ》銃といって、供出した銃のかわりに、貸し与えられたものである。村田銃にはちがいなかったが、手入れも悪く、ほとんど使いものになりそうにないオンボロ銃であった。

しかも、銃を供出した者なら必ず貸与されるというものではなく、貸与される者はマタギとして認められた者といってもよかった。

「だども、貸与される者はまだしも、それだげの数でブッパの人数さ足りるものだかな」

「ンだすな。それに、たどえ獲物さ獲っても毛皮はすべて供出しねばならねだから、いやいや、どうすればいいが……」

貸与銃が出ることで何とか山入りだけはできそうであったが、マタギとしての本格的な猟はできそうになく、頭の痛いことであった。

五回に一回の猟を十回に一回に減らしてでも、まだ猟に出られるうちはよかったが、翌十九年にはそれも満足にできないほどになってきた。それどころか、マタギ同士でさえ猟の相談をすることがはばかられるような風潮が村に溢れていたのである。

そんな空気を強めているもののひとつに、爆撃機の飛来があった。銀灰色の軍用機の機影は爆音を轟かせながら山の端に姿を現わし、激戦地の緊迫感を運ぶように再び山の彼方に飛び去っていくのだった。

爆音が聞こえてくるたびに人々は不安の表情をうかべ、防空壕に走った。

時幸たちも学校へは行ってもほとんど授業をすることはなく、竹箒や叩《はた》き棒を手にして焼夷弾《しょういだん》投下の際の消火訓練をしたり、避難訓練にあけくれる毎日であった。

「これで日本は戦勝へむけて善戦しているのだろうか」

と考える者もいたのだろうが、報恩皇国の思潮は絶対であり、心の不安を口に出す者はいなかった。

一昨年には米航空母艦ホーネットから飛びたった十六機のB二十五によって東京が空襲されていたが、この山村でも本土空襲の実感が肌身に感じられるようになったのは、秋田市近郊の土崎が爆撃されたころからである。土崎は日本海に面した男鹿半島のつけ根にある油田地帯であり、これが狙われたにちがいなかった。

土崎空襲のニュースは比立内でもいち早く伝わり、それ以後は空に爆音が轟くたびに、また秋田が空襲されるのではないかと、人々を不安に陥れるのであった。

九月の、まだ残暑の残る暑い日、時幸は厩《うまや》の二階に上って、爆撃機の飛んできそうな空を見あげていた。ギラギラと照りつける陽ざしは灼けるように暑かったが、空は蒼く澄んで秋の気配を漂わせている。飼葉を積みあげた厩の二階を、蟬の声を運びながら、風が通りすぎていく。

しばらく山の彼方の空を見ていたが、機影は見えそうになかったので、下へおりようとして梯子に足をかけたとき、

「何かいいものでも見えるだか、兄さん」

使用人の若い男が二人、時幸に声をかけてきた。

「何も。空さ見えるだけだ」

「ンだか。熊も見えねだっだか」

一人の男がいい、

「何さ、兄さん梯子でおりるだか、こりゃまたァ」

大袈裟に驚いた身振りでもう一人の男がいった。

「なして……梯子で下りると妙だか？」

「そんだことネだども、これぐれのとごさ飛びおりれねがっだら、立派な軍人さなれネ」

一人のほうがいうと、もう一方の男も調子を合わせるように頷き、

「ソだな。マタギの子だもの、熊撃つよりやさしい。飛びおりであだりまえだナ」

あきらかにからかわれているのだったが、時幸はそれに気がつかなかった。いや、内心おかしいぞという気はあったのだが、何くそという生まれながらの勝ち気がムラムラとわいてきたのである。

四歳のときにスキーをはけるようになったのもそんな負けん気の強さがあったからだが、今度ばかりは気の強さだけではどうにもならない。

時幸はまだ梯子の一番上の段に足をかけたばかりだったが、体をよじって下を覗き込むとブルブルっとふるえた。やはり十歳の子供がとびおりられる高さではなかった。

「ホーレ、たいしたことネ。勇気さ出して飛んでみれ！」

地上から二メートルばかり上の梯子の段につかまって躊躇している時幸に、二人は面白がって追いうちをかける。

赤トンボがふっと目の前に飛んできて、時幸の頭のところで一瞬静止して、すぐにまた飛び去った。そのとき、時幸はなぜか、ひょっとするとやれるかもしれないという気になっていた。いったんその気になると、やれるにちがいないという自信めいた気持もわいてくる。

フッと深呼吸をひとつして、

「よしッ！」

叫ぶと同時に手と足で梯子を突き放すようにして、宙に、飛んだ。体をひねったのか、両手を広げたのか、無我夢中で何も憶えなかったが、一瞬宙に浮いたと思う間もなく、すぐに地上へむけて一直線に落ちた。

ギクリという鈍い音がし、時幸は同時に腰から胸にかけて、おしつぶされたような激痛におそわれ、顔をしかめた。

地面には乾燥させるための飼葉が広げてあったが、時幸の体重をうけとめるほどの厚さではなかった。落下した瞬間、息がつまり、呼吸ができなくて、時幸は目を白黒させた。

時幸をからかっていた二人の男は、まさか本当に時幸がとびおりるとは思っていなかったのか、アフ、アフ、アフといったまま、ポカンと口をあけたままであった。

やっと呼吸ができるようになって、時幸がもらした呻《うめ》き声に弾かれたように、男の一人があたふたと家のほうに駆けていった。

立ちあがろうとしたが、胸のあたりをつきぬけるような激痛が走り、全身の力が抜けたような感覚に襲われて力が入らなかった。意識が朦朧《もうろう》としはじめ、時幸は深い渾沌の淵へ陥っていった。

時幸が意識を失っているあいだに、療養は家でさせることが決まったようである。当時病院は三十数キロ離れた米内沢にしかなく、バスで行くにしても容易ではなかった。それに、時幸のケガは幸いにも肋骨にヒビが入ってはいたが骨折にまではならず、難儀して遠くの病院に連れていくより、家で安静にしていたほうがいいということになったようであった。

「アイタタ……」

呻いて目をあけると、スミが枕元に坐り込んで、時幸の顔をのぞき込んでいた。その隣には母親のキン子がいて、手あての準備をしていた。

「あれ、気がついただか……命さあってでよがったども、若《わけ》ものに、ふぇしょわされで、どもなんネ！」

キン子は叱ったが、おだてられ、調子に乗せられてこういうことになったことは、どうやら知れているらしかった。

時幸が急に吐き気を催し、体をよじってもどすと、スミがあわてて背中をさすり、

「ほんどにナ、いたましぐて……」

いたわるように呟いた。一時はめまいや嘔吐がひどく、激しい痛みに襲われたりしたが時幸の回復は思ったより早く、半月もすると外を歩けるまでになっていた。

ところが、このころの時幸はよほど運が悪かったようで、まだ完治しないうちに、今度はこともあろうに飼馬に踏まれ、またまた肋骨をケガしてしまったのである。

しかもなお悪いことに、療養中に風邪をひき、これがこじれて肋膜炎《ろくまくえん》になり、あがりかけた病床をまた延べなければならなかった。

今度ばかりはさすがに三十数キロ離れた米内沢の病院に入院したが、食べ物も豊富にある時代ではなく、栄養状態もよくなかったから病状は一進一退の繰り返しであった。

時幸が病床にいる間に、時代は大きな転換の時にさしかかっていた。昭和二十年八月六日には、アメリカ軍は広島に原子爆弾を投下、続いて九日には長崎にも投下、大

戦での悲愴さと無惨さがピークに達した感があった。

日本が連合国の示すポツダム宣言を受け入れ、終戦になったのは六日後の八月十五日のことである。

時幸にとっては病と闘いながらの終戦だった。

三　アメ流し

　ジリジリと暑い陽が照りつける山道を、三人の少年が歩いていた。灼けつくような陽ざしは、それでも樹影の中に入ったときだけは涼しい風を運び、つかの間の爽やかさを感じさせる。

　少年たちはそれぞれに道具をかかえ、よほど急いでいるのか言葉も少なく足早に歩いていく。バケツをさげた少年もいるし、手網《サデ》をしっかりと握った少年もいる。

「バケツが重ぐて歩げね。もうちょっとゆっぐり歩いてもらえねだか」

　バケツをさげた少年がいうと、

「もうこのあだりでやってみでもいいんでねか」

　もう一人の少年も同調するようにいう。

「まだだ。もう少し上のほうさ行っだほうがたくさん獲れるのハ」

　いったのは先頭を歩いていた時幸である。一緒に歩いていた少年たちは時幸の従兄弟であったが、時幸は先日、集落総出でやったアメ流しの場所に行こうとしていたのである。

「もしがするど、兄さんだば、このあいだのとごさ行こうとしてるんでないのか？」

バケツをさげた少年がいった。

「ンだす。場所、いいがらナ」

「だどもハ、あそこはこのあいだやったばかりでないか、それが……」

「だいじょうぶ。いる、いる」

時幸は自信あり気にいう。

渓は両岸が険しくきり立って、函状《はこじょう》の崖になっていたが、時幸はそこをやりすごすと、少しばかり上の、斜面が緩やかになった草やぶを分け入った。

「さて、やるぞ！」

時幸は渓に下りつくと、意気込むようにいった。

「ちょっと休んでからにしねが？」

「ンだか。じゃちょっとだけ休んでハ……」

川原の石に腰かけると、それを待っていたように、虻《あぶ》や蚋《ぶゆ》が飛んできて、まつわりついた。

「アメ流しやっだどこなのに、まだいるんだな」

一人の少年がいいながら、手で追い払う。アメ流しは魚を獲るだけでなく、虻や蚋などの虫も駆逐する効果があるのである。しかしそれもほんの一時で、虫はまたすぐに群れるのである。

やがて三人の少年は服をぬぎすてると下着だけの姿になり、ジャブジャブと浅瀬の真中に歩いていった。

ところで、アメを作る材料は、サンショウやクルミ、サワグルミの皮を使ったが、それも根元の皮を使うのである。そのほうが効き目《き》があるといわれていたからである。

これらの木の皮をグツグツと時間をかけて煮続けると、ドロドロの液になってくる。頃合いを見て灰汁《アク》をまぜ、また煮ると固まるのである。これがアメだが、もちろん樹皮も持っていって使うのである。

「よォし、では流すぞ!」

時幸がバケツを傾け、アメを流しはじめた。アメはあっという間に水に流され、下流に下っていく。流し終わるにはモノの数分もかからなかった。

流されたアメは水を緑茶色に染め、下のほうにある小淵に漂っていった。

アメの染色がおさまり、再び川に透明感が戻りはじめるころ、プカリ、プカリと小淵のあちらこちらで魚が白い腹を見せて浮きあがりはじめた。

最初に浮いてきたのはサクラマスとアユである。どうやらマスやアユはアメ流しにいちばん弱いようである。

さらには、ヤマメ、ウグイ、カジカ、それにイワナも混じって、浮いてきた。

「あれれ、兄さん、あのマスだば尺は越えでるんでないのか！」

「ンだな。もっど大きいかもしれねな……だば、はじめるか！」

少年たちは口々に興奮の叫び声をあげ、小淵へととび込んでいった。

ところが、魚は白い腹を見せているにもかかわらず、近づいていって手で摑もうとすると、正気をとり戻したように、スルリと逃げてしまうのである。

手網を使っていた少年も結果は同じで、すくいとられる魚は数えるほどしかない。

「妙だベナ……」

誰かが叫ぶころには、白い腹を見せていた魚の姿はほとんどいなくなっていたのである。

川からあがり、少年たちが獲れた魚を見せあっていると、

「魚、獲れだか？」

山仕事の帰りらしい集落の男が、渓の上の山道から声をかけてきた。

「ああ、獲れた、マスもいる」

少年の一人が大声で答えると、

「ンだか。マスもいだか」

いいながら男がおりてきた。が、その貧果に呆れたのか、驚いたのか、目をキョロリとあけたままである。

「これだけだか？　アメ流してこれだけ」

「ンだす。魚さいっぱい浮いだども、逃げてどもならながった」

「きょうの魚さ、元気よすぎるのハ」

少年の一人がいうと、男は得たりという表情で、

「わがった。おまえさんがたのアメの流し方が悪がったんだ」

「そんなごとない。おらハ、ちゃんと流しでたもの……」

時幸が抗弁するようにいうと、男は明るく笑い、

「早すぎたのハ。アメさ流すのはゆっぐりと手間さかげてやらないと、魚は芯までしびれないの」

時幸はふと先日の集落のアメ流しを思い出しながら頷いた。そういわれれば、そんな気がするのである。

集落総出でやるアメ流しは、みんなが楽しみにしているお祭りといってもよかった。アメ流しをするのは主にサクラマスの溯る春から秋にかけての間であったが、日どりと場所が決まると集落全体に伝えられ、アメを作る量も割り当てられたものであった。

そんなお祭り騒ぎにまぎれて今まで注意して見たことはなかったが、アメを流すときはたしかにじっくりと時間をかけてやっている。それだけではなく、木の皮も使って、足で踏んだり、石でたたいたりしてその汁も流していた。

「教えでもらってくればよがったナ」

時幸はふとアメ流しでたくさんの魚が浮いた光景を思い出しながら呟いた。

「アメさ、もう残ってネだか?」

男が訊いた。

「ああ、全部使ってでしまっだから」

「そうか。だばしかたないな」

そういって帰っていく大人たちを見送り、時幸たちは服を着てから、しょげながら山道を下っていった。

家に帰りつき、庭の池の畔で獲ってきた魚を洗っているところに、時幸の家に下宿している小林が工場から帰ってきた。小林は時幸の家の近所にあった単板工場の工場長である。

「おじさん、お帰り。いま帰っただか？」

小林を見つけて時幸がいうと、

「ああ、トッコさん、ただいま。あれ、何してる？　手伝いしてるのか。えらいナ」

いいながら傍《そば》にやってきて時幸の手元をのぞき込んだ。と同時に、

「ホッホー！　こりゃすごい。大きいのもいるでないか……これ全部トッコさんが釣って来ただか」

驚きの声をあげてしゃがみ込んだ。時幸は小林の驚きぶりを見て得意顔になり、

「ンだ。でも、釣ったんでねぐして、アメ流しで獲ったんだ」

中でも大きなマスをとりあげて見せながらいった。

「おじさん、釣りは行っだのか？」

先日、国民学校への登校前に、釣り場への案内を頼まれていたのを思い出して時幸が訊いた。

「いや、まだだ。トッコさんだば、少しもさそってくれないものでハ」

おどけた調子でいった。

「ンだか。だば、今度のおじさんの休みの日に必ず案内さするがら」

「無理しねぐともいいどもナ。今度の休みはあさってだ。ほんどに行ぐか？」

「ああ、行く。いっぱいいるから、面白いのハ」

何やら時幸が先生になったように大人びた口調でいう。小林はそれをニコニコ笑って聞きながら、

「さァて、風呂でも入るが」

いって立ちあがった。

それから二日が過ぎ、朝、時幸が起きたときには、小林は玄関先で釣り具を並べているところだった。

「おじさん、釣りさ行ぐだか」

時幸が訊くと、

「そういうわけでもないんだどもハ、道具がゴチャゴチャしでたものだから、片づけようと思ってね」

「行ぐのなら、おら、案内さする。約束だものナ」

「ンだな。なら、釣り具も出したとこだし、ちょうどいい、連れでってもらうか」

そういうと小林の手は、もう釣りの準備にとりかかっていた。

「時幸、おじさんと山さ行ぐなら、おにぎり持ってげ」

キン子が家の中からいうのが聞こえた。小林は照れたように微笑し、

「さっき、トッコさんに連れて行ってもらうって話しでたものだから……」

「いいよ。山さ行ぐの、何でもないがら」

そういいながらも、内心では時幸は小林のいう〝釣り〟に興味を持っていた。小林の話を聞くかぎりでは、ニガフェやチカ、ワカサギなどの釣りとは種類のちがうもののようだと思われた。もちろん竿やハリや糸は使うから似てはいるようだが、しかし、時幸の知っている釣りとはやはりどこかちがうようであった。

だから、きょうは一緒に渓へ入って、どこがちがうのかを確かめてみようと思ったのである。

一方、小林は小林で、案内を頼んだものの時幸がまだ国民学校の二年生であり、体力と馴れを要する渓流釣りに連れていくのが心配でもあった。

よく釣れるところに行きたい、というのは本音だったが、少年を連れていくというのは正直なところ、事のなりゆきといってもよかった。

しかし、渓に入ると、小林のそんな心配は吹きとんでしまった。少年にもかかわら

ず、時幸の山や渓を歩く足どりはしっかりとしていて確実だった。ある面では、たまに楽しみで山に入る小林より、確かなところさえ感じさせられるほどであった。

「おじさん、ここ、すべるがら、気をつげておりたほうがいい」

といったかと思うと、タッタッと駆けるように、しかし、確実なスタンスをとって渓へおりる。そうして時幸は渓におりると、一、二分の間、じっと体を静止して、川を瞶るのである。

小林は最初、時幸が何をしているのか理解できなかった。しかし、そのうち、

「いる、いる。おじさん、ここだば五本はいるよ」

体を止めたあとで口にする時幸の言葉を聞くうちに、魚影を見ているのだというのがわかってきた。

「トッコさんだば、魚さ見えるのか」

訊くと時幸は怪訝《けげん》な顔をし、

「おじさんだば、魚見ねで釣ってるだか」

不思議そうな声で逆に訊かれてしまった。

小林の釣りは慎重な釣りであった。いや、アメ流しなどで慣れていた時幸には、小林のやっている渓流釣りが慎重で、実に静かなものに思えたのである。

小林はしかし、渓流釣りは相当の腕らしく、時幸が魚のいそうな場所を教えると、そこから的確なポイントを読みとって、イワナやヤマメを釣りあげた。そしてそのうち、時幸のガイドなしで、どんどんと釣り上っていく。たまには時幸が一緒に来ているのを忘れたのではないかと思うほど、没頭しているように見えたこともあった。

時幸は小林の数メートル後からついて歩きながら、腹が減ると家を出るときに持たせてくれたにぎり飯をパクついた。にぎり飯は大人の拳ほどもあって、大人でも食べごたえがありそうな大きさだった。

その大にぎり飯の二個目に時幸が齧りついたとき、オーッという小林の叫び声が聞こえた。時幸がにぎり飯を頬張ったまま小林のほうを見ると、小林は体をのけぞらせるようにして、必死の形相で釣り竿を握っていた。竿は先端のほうで異様なほどの弧を描き、ビクビクと顫《ふる》えている。

大物がかかったというのは時幸にもすぐにわかった。時幸は口に頬張ったにぎり飯を噛みもせずにゴクリと嚥《の》み込むと、川原の岩石を蹴って駆け出した。

小林はコツリと魚信《あたり》が来たときに、今までの経験で、こいつはでかいぞということがわかった。反射的に時幸を見ると、時幸は小淵に出張った岩にしゃがみ込み、にぎり飯を頬張ろうとしているところだった。

「来たぞ、大きいぞ！」

大声でそう叫ぼうとしたが、その瞬間、ガクンと大きく、鋭い衝撃があって竿が引き込まれた。小林が叫ぼうとした言葉は単純な叫び声にしかならなかった。

ピンと張った釣り糸が渓水《たにみず》を割くように上流へ引かれ、糸鳴りしているのが聞こえた。

「うおッ！」

澄んだ流れの中に、黒っぽい魚影を見て、小林は叫んだ。すぐうしろに来ていた時幸も体をのり出すようにしてのぞき込む。瞬間、魚は体をよじり、銀鱗を水の中に散らばせた。

小林が釣っていたのは、瀬と瀬に挟まれた流れ込みのところであり、具合の悪いことには頭上に木枝が張り出し、背後は岩壁になっていた。取り込むとすれば、何とか瀬のあたりまで魚を泳がせていくしかないのである。

「困ったぞ、上か下かどっちであげるか」

そんな小林の心の動揺を読みとったように魚はいっそう力を入れ、深い場所に走ろうとする。いかん、と思って竿を立てた瞬間、弧を描いていた竿がビュンと音をたてて伸びきった。釣り糸がフワリと宙に浮き、頭上の木枝に絡みついた。

しかし、小林はそれにも気がつかないようで、ブルブルと小刻みに顫える手に竿を握ったまま、呆然と水面を瞶ている。

「逃げただか……惜しいことしだな」

時幸がくやしそうに声をかけると、やっと我に返ったようにハッと顔をあげ、

「ンだな。大物だったのに、残念だ」

いいながら、また水面に目を向けた。

「だどもハ、おじさん、あんなのはまだいるよ。また釣れるよ」

「ほんどにか？　尺二寸はあっだ魚だぞ」

小林は時幸の話を疑うような口ぶりでいった。

「もっど大きいのもいる。秋になるとハ、魚さ飼ってるみでにまっ黒ぐなって、大きな魚さたぐさん泳いでるもの」

「イワナが？　ヤマメが？」

「そゝだ。マスもいるし」

時幸はいったがそれはまんざら誇張した話ではなかった。今でいえばさしずめ養殖池のような光景が、当時は見られたのである。

大物を逃がしたのはさすがに残念そうであったが、しかし、型のいいイワナやヤマ

メが十本以上も納まった魚籠をのぞいて、小林は満足そうに笑みをこぼした。

「おじさん、腹減ったな……」

時幸がいうと、小林は大袈裟に驚いてみせ、

「トッコさん、さっき喰ってたのに、もう腹さ空いただか!?」

ほんとうにおかしそうに笑った。

渓水が心地よい音をたてて流れ、どこかで山鳥が啼《な》いていた。水面に木洩れ陽が落ち、銀緑色に輝いた。

時幸はあどけない顔で、無心ににぎり飯を喰っている。

小林は、つかの間、深まる戦争の翳《かげ》を、忘れた。

山は平和で、渓風が爽やかだった。


小林の釣りについていったことで、時幸は渓流釣りに新しい面白さを見出したようであった。

小林が休みの日になると、待ち兼ねたように、自分のほうから釣りにさそう。小林のほうもかなりの釣り好きだから、特別の用事でもないかぎり、話はすぐにまとまる。

どこがそんなに面白いのか、時幸自身も理屈でそれがわかっていたわけではないが、

渓流釣りでの緊張感や魚とのやりとりなど、息をつめるような清冽な世界に惹かれたのかもしれなかった。それは、マタギ衆が炉端で話している熊狩りなどの猟の世界に共通するところがあるようにも思える。

そんなことを感じとり、惹かれるのは時幸がマタギの家に生まれ、育った少年だったからでもある。

もちろん、時幸はまだ少年だったから、猟の山入りに連れていってもらったこともなかったし、実猟を知っているわけでもなかったが、比立内のマタギ衆たちは、時幸を将来はマタギを継ぐ人物と見ているふしがあった。

しかし、時代はそうした人々の心のやすらぎをさえ、奪い去ろうとする緊迫感を漲らせはじめていた。

戦争が深まるにつれて、人々は都会でも山村でも、国家に尽くすことが絶対であり、あそびに走ることは一種の反逆者、非国民のような目が向くようになっていたのである。

山里の比立内ではさすがに都会ほどのことはなかったが、それでも戦争の深刻さを反映するように、国事に尽くすこと以外の道に走ることには抵抗を覚えさせる時代の色を漂わせていた。

時代が深刻になると、小林も釣りからは遠ざかり、時幸も毎日の防空演習などで釣りに行く時間を見つけられなかった。

マタギの村として続いてきた村であるにもかかわらず、熊狩りに出るのもままならない時代である。釣りや魚獲りが日常生活にとけこんだものとはいっても、頻繁に出かけることはできなかった。

比立内がマタギの村としての暮らしをやっととりもどしたのは、終戦後、三、四年もたってからであろうか。そういうことからいえば、初マタギの年頃が戦時下でなかった時幸は、マタギとして幸運だったといえるかもしれない。戦時中であれば、時幸が経験したような十分な初マタギが、できたか、どうか。

それはともかく、時幸がもうひとつの魚獲りの世界、夜突きを覚えたのも終戦から四年ばかり過ぎたころである。手ほどきしたのは、時幸が春に初マタギに入る数日前の猟の見学でムカイマッテをしていた湊健二郎である。

新緑の季節も終わり、比立内を囲むように聳える山々は深い緑にその色を染め、里では田植えも終盤に入って、苗は瑞々しく初夏の風に揺れていた。

そんなある日の夜、時幸は米内沢《よないざわ》高校からの帰り、家の近所を歩いている健二郎を見かけた。

「今晩は！」

あいさつして通りすぎようとすると、

「ハイ、今晩は。今、帰りだか？」

声をかけてきた。

「今年は田圃《たんぼ》さ、うまぐ行けばいいだども、どうなるかナ」

家では農業をしている健二郎はやはり田圃のことが気になるのか、田植えが終わったばかりの一番の関心ごとを口にした。

「今年は天候も安定してるようだし、大きな台風や長雨さなげればだいじょうぶではないかって、学校の授業でもいってだどもハ」

「ンだか。そうなればいいどもナ」

健二郎はいうと、ホッと安心したように軽い吐息をもらした。自然、肩を並べて歩くかっこうになっていた。

「ところで、健二郎さん、何処か行ぐどころだか？」

時幸は健二郎が自分の家とは反対の方向にむかって歩いているのに気がついて訊いた。

「用でないどもハ、今夜は月も出でないし、夜突きさやるがと思ってでナ」

「やっぱり、夜突きだか。そうでないかど思ったども……」

時幸は健二郎の持っているアセチレン灯や箱ガラスを見て、健二郎は夜突きに行くのではないか、と見当をつけていたのである。

比立内では夜突きは少しも珍しいことではなかったが、どういうわけか時幸はまだ一度も夜突きに行ったことはなかった。もちろん行ってみたいと思っていたし、いずれは一人ででも行ってみようと考えていたから、健二郎が誘ったときには即座に行くことを決めていた。

きょうは幸いなことに学校の宿題もなく、田植えも終わって一段落していたところだったから、ちょうどいい機会でもあったのだ。

時幸は学校の道具を家に置くと、すぐに健二郎の後を追った。

夜突きの場所は家のすぐ近くの比立内川だったから、知らない場所ではない。

集落の道から雑草の生えた田圃の畦道に入ったところで健二郎に追いついた。健二郎は畦が切れ、川へおりる道のついているところで、待っていた。時幸がくると、

「こっちだ」

いって川端に続いた十メートルばかりの細い道をおりはじめた。畦のあちらこちらで地虫が鳴いていた。

月明かりさえない夜の野道は、さすがに歩き辛かったが、二人はアセチレン灯の仄かな灯を頼りに、川原におりていった。川原におりると、暗さがいっそう増したようで、鼻をつままれてもわからないほど闇が深かった。

時幸が抜き足差し足の要領で、足音を殺しながら歩いていると、

「そんなにしねぐともいいさ。魚は寝でるから、だいじょうぶ」

健二郎も隠静ぶりがうつったようなひそひそ声で、笑いながらいった。

時幸が物音をたてないように歩いたのは、渓流釣りでは物音をたてないことと姿を見られないことは常識でもあったからだ。

「ちょっと、これ持ってれ。おらが行ぐどこさ、照らせ」

アセチレン灯を時幸に渡すと、健二郎は水際に歩いていき、箱メガネを水につけた。

「ほれ、もっど手元さ照らせ!」

健二郎がいうと、時幸はあわてて灯光を箱メガネのそばに寄せた。

「もっと近くてもいい」

「だども、光さあでたら、魚、逃げねか?」

「魚さ見えなげれば突けないでないか!」

いわれてみればそのとおりである。時幸は自分も水の中に入って、健二郎のすぐそ

ばに立った。

「ハハァ、いるいる」

左手で箱メガネを持って川底をのぞいていた健二郎は、そういうと、ヤスを持ったもう一方の手をふりあげた。ふりあげたと思う間もなくヤスは水面に鋭く突き立ち、ブルンと揺れた。

「よし、獲れだ。型のいいカジカだ」

箱メガネから顔を外し、腰を伸ばした健二郎が笑いながら、ヤスを見せた。ヤスの先にはカジカが突きささり、バタバタと体を動かしている。

「よく、逃げネものだな……」

時幸は感心したように呟いた。

夜突きではカジカだけでなく、イワナ、ヤマメなどの川ジャコ、それに、二十八センチもあるアユも獲れた。

時幸は熱中し、時間を忘れた。一度要領を覚えてしまうと、ヤスのさばき具合もうまくなり、浅瀬でユラユラしている魚が突けた。

「さて、ぼつぼつ帰るか……」

二時間ばかりしたころ、健二郎がいった。

「もう、帰るだか？」

時幸がちょっと不満そうにいうと、

「だって、百本ばかりも獲ってるもの、もう十分だ」

「へェ！　そんだに獲っただか」

時幸はあらためて驚いて川からあがった。

闇夜に、アセチレン灯の仄かな灯を頼りにやる夜突きは風情があって面白く、時幸はよく出かけたものだが、昭和四十五、六年ごろに河川に漁業権が設定されてからは禁止になり、できなくなってしまった。

マタギの村の日常の暮らしの中にあったごく普通の風習が、またひとつなくなったことになる。


朝からぐずついたあやしい雲が広がっていた。時幸は顔を洗いながら窓の外をのぞき、空を見あげた。

「雨落ちてくるどもな……」

呟くと、庭へ回った。昨日仕掛けておいた〝ごもじ〟という罠を見に行ったのである。ごもじというのは、タメ木を使った鳥をとるための罠で、一種のくくり罠である。

そのまま使えば掛かった鳥は完全に首が締まって死んでしまうのだが、時幸はこれにちょっとした工夫をこらし、完全に締まらないようにして生けどりできるようにしていた。

スズメ、カケス、山バトなど、いろいろな鳥がかかったが、時幸は獲れると家の裏に作った鳥小舎で飼っていた。小学校四、五年のころによくやったものだが、高校生になってからはあまりやらなくなっていた。が、きょうは、鳥を飼いたいという生徒が同じクラスにいて、生けどりした鳥を持っていく約束をしていたのである。

マタギの村ではこの他、重石でとる〝うっちょ〟というものもあった。

罠にはカケスがかかっていた。カケスはおとなしくしているようだったが、時幸が近づくと、ジェー、ゲーッ！　と鋭く啼き、斑模様の羽根のついた頭を振ってあばれ回った。

「ほほう、カケスだか……」

時幸は呟き、罠からカケスを外しにかかった。

カケスはちょっと身をすくめたが、胴をくるむようにして持った時幸の手を、鋭い嘴でいきなりつついてきた。カケスの旺盛な闘争の姿に出会い、時幸はかつてカケスを飼っていて餌をやり忘れ、共喰いしていたことがあるのを思いだした。

空は昼食が終わったころから、やはり雨滴を落としはじめた。本降りになりそうな気配であった。大粒で雨足が速かった。

時幸はその日、午後からは田圃の手入れをする予定にしていたのだが、この雨ではそれもできそうになかった。

「川さ、水出るべな……」

茶をのみながら、茂治がいった。

「ンだな。濁り掬い《メグリスグイ》にいいかもな」

いうと道具を取りに行こうとして立ちあがった。

メグリスグイは、川の増水を利用して魚を獲る方法で、比立内ではよくこの方法で魚を獲るのである。川が増水すると、魚は、濁りと急な流れを避けるために、水際の草の中にもぐり込んで身を守ろうとする。水際のほうが流心より流れが緩く、押し流されにくいのを、本能で知っているのである。

したがって増水になるときと、水が引くときがチャンスであり、このタイミングが漁の良し悪しを決めるカギなのだった。

時幸が食後にもかかわらず急いだのは、増水のタイミングを外さないためであった。時幸はメグリスグイの道具であるチョノ網を持って川へ急いだ。チョノ網というのは、チリトリを大きくしたような、弓なりになった枠に網を張ったものだ。この網で魚をすくいとるのである。

比立内川の河原に行ってみると、ちょうどいい具合に増水しはじめたところだった。時幸の他にも、メグリスグイをやりに来た数人の集落の男の姿があった。

「どうだ、もう入ってるだか」

「おらもいま始めたばかしだども、そろそろいいみてだな」

時幸はもう一度、足につけた草鞋《わらじ》を結びなおし、チョノ網を持って川に入った。濁りが入って黄濁した水が、勢いよく足にぶつかり足元をすくいとろうと襲いかかってくる。川の中に足をつけ、立っていると、足裏の砂地が流水の勢いで揺れ、ひととろに立っていることができないぐらいである。

このメグリスグイは、水流に足をとられて流され、ケガをしたり落命したりした人もいるほど、危険を伴う魚獲りである。

時幸はうまくバランスをとりながら片足で立ち、もう一方の足を、川岸に生えて水に浸っている雑草の中に入れて、バシャバシャと踏みつけた。と同時に川面がキラキラと魚の鱗で輝き、逃れようとする魚が水際で受けているチョノ網に掬《すく》いとられた。

雑草を踏みつけたとき、黄濁した水にきらめく銀鱗は、天然のモザイク模様を描き出して、一瞬、水流の危険を忘れさせるほど美しいものだった。

時幸がチョノ網を水からひきあげると、網には二十尾以上の魚が入り、はねていた。カジカもいたし、十八センチほどのイワナ、ヤマメ、アユなども入っている。しかし、それでゆっくりしている暇《ひま》はなかった。

「早ぐしねど、出水《でみず》さ終わってしまうぞ!」

誰かが叫んでいる。出水とは増水のはじまりのことだが、出水のあと十分もすると、なぜか魚は入らなくなってしまうのである。それに、完全に増水した川は、大岩をも流すぐらいの力があり、一変して大自然の魔の牙をムキ出しにして、危険すぎ、川には入っていられなくなるのである。

「ほうれ! マスも入ったでや!」

誰かが叫んだが、時幸は見向きもせず、限られたギリギリのところまで、何度かメグリスグイを繰り返した。

メグリスグイは今日でも消えてしまったわけではなく、たまにやる者もいるが、しかし河川環境などが変わり、魚も昔ほど獲れなくなったようである。

かつて、サクラマスがたくさん溯ってきたころには、川の淵ごとにマスの〝つき場〟があった。それぞれの淵は獲る人が決まっていて、たとえば〝久野《クノ》さんの場所《ードバン》〟というふうに名づけられ、その人以外はその場所では魚を獲らなかったのである。

もっとも漁業権の設定された今日では、漁業組合員に属していて、権利を買えば川の三分の一は堰き止めていいことになっている。しかし、実際にはやる人もいなくなり、今日ではメグリスグイとともに、マタギの集落の熊狩り以外の季節の暮らしの風物は、消えていこうとしている。

特に渓流釣りブームのこのごろでは、胴場《ドバン》の存在さえ知らずに入渓する釣り人がほとんどである。それはマタギの集落に、ひとつの時代の風が吹き込んだ風景ともいえそうである。

第二章

「山神（さんじん）様」はマタギだけでなく、
山仕事に従事する者すべてがあがめる。

一　水垢離

時幸が初マタギに入った年の初冬、時幸のような若者が、どうしても経験しなければならない行事があった。

〝つやこ〟といって、若者が集落の山人《やまびと》として一人前だと認められるか、どうかの重要な儀式である。もっともこれはマタギだけの儀式ではなく、比立内《ひたちない》では山仕事に関係する男なら誰もが通過しなければならないものであった。

「つやこさやるがら、しっがり心をば決めでおげ」

と告げられたのは、儀式のある数日前のことである。

朝から降りはじめた雪は夕方になっても霏々《ひひ》として降り続き、山は一度に雪深くなるのではないかと思われるような日であった。

秋猟の相談でもあったのか、その雪をついて松橋義蔵、三郎、それに佐藤岩次郎たちが寄りあったのは、夕食が終わってしばらくしてからだった。

「今年は熊さ穴に入る前に、何としてでも少しは獲っでおぎたいと思っでらす」

「ンだス。今年は熊も多いみでだがら。このあいだも山仕事の人さ、熊の足跡さ見だっていってやっだものナ」

「鉄砲の人数さえそろえば、久しぶりにいい猟になるど思うんだどもハ」

そういったあと、義蔵がふと時幸のほうに顔を向け、

「時幸も、早ぐ一人前さなって、熊さ獲れるようになっでもらいたいものだナ」

と話題を時幸に向けてきた。

「昔はおらのとごろの文蔵という人だば、名人だったということだ」

茂治が誇るようにいって、炉に薪をくべ足した。

文蔵は江戸時代に活躍した松橋の家の先祖マタギである。文蔵が名人といわれるようになったのは男鹿半島に鹿狩りに出かけたときのみごとな鉄砲さばきがあったからである。

昔、男鹿半島はニホンジカの本場であった。だが、シカは木の芽や農作物を喰い散らして被害を出すことも多かったため、佐竹藩では被害防止のために、阿仁のマタギたちにシカ狩りを命じていたのである。

その命を受けた文蔵は、ある日、シカ狩りに出向いた。その途中、空を飛ぶ雁の群

れに遭遇した。文蔵は、仲間のマタギたちに、

「見でれ！」

いうと颯《さっ》と火縄銃をとり出し、引き鉄《がね》を引いた。同時に大きな発射音が響く。ところが文蔵が放ったのは一発であったにもかかわらず、二羽の雁が打ち落とされていたのである。

一発で二羽の雁を獲る。その腕の優秀さで文蔵は名人といわれるようになったのであった。

「おらのどころの久野《くの》の家にもいだっていうどもハ……」

文蔵の話を聞き終わった岩次郎がいった。久野というのは岩次郎の家の屋号である。その久野のマタギは、どんなときでもウサギは一発で心臓に命中させるという腕の持ち主だった。もちろん火縄銃を使ってである。久野のマタギの獲ったウサギは必ず一発で心臓を抜いていた。それはいかに鉄砲がうまいといわれる者でも追随を許さないほどの名人技だったのである。

「鉄砲の手入れもよがったにちがいねども、たいしだ腕だ」

囲炉裡を囲むマタギたちの口から、軽い溜息がもれた。しばし、感慨の空気が漂い、沈黙のときが流れた。

そんな話がマタギたちの間で交わされるのは珍しいことである。マタギの家に育ち、暮らしてきた時幸でさえ、ほとんど聞いたことがない。

名人の話が一種の成功談に入るのかどうかは別として、手柄話が交わされることはめったになかった。たいていの場合は猟の反省と警告を兼ねての獲り損じた話や戒《いまし》めの話であった。

といっても、それは決して個人攻撃を目的とした誹謗中傷ではない。あくまでも、山入りする者としての注意と心がまえを喚起することを目的としたものであった。そんなこともあったから、特に若い者たちには成功談以上に、戒めの思いを込めて伝えられた。

それは、何よりもマタギの猟が共同のものであり、抜けがけはもちろん、個人プレイの許されない世界であることを示している。

今日、マタギ言葉をはじめ、古くからあった数々の禁忌や風習など、マタギの世界から消えていくものは多い。そして、たしかにマタギ仲間でも、趣味で鉄砲を持つ者もふえたが、しかし、いったんマタギとして山入りするときはこの姿勢だけは、なお厳然と守り抜かれているのである。

時幸も感動を覚えながら名人の話を聞いていたが、彼らの腕がいかに凄いかを実感させられるのは、鉄砲を持つようになってからである。

初冬の寒風が、身を切るような鋭い冷気の刃《やいば》を振りかざしながら、吹きすさんでいた。その寒風にまじって、怒鳴るような喚くような、男たちの荒々しい声が流れてくる。声は鍰内沢《からみない》から分水した小川のほうから聞こえているようである。

この小川は、比立内川の支流、鍰内沢の中流から引いている分水で、田圃の水などのほか、村の生活用水として使われている小川であった。

鍰内沢の〝お不動様〟が祀ってある不動の滝の下流から引水されたこの小川は約九キロの長さで、集落の中を通り、やがて学校脇を通って本流の阿仁川に注水している。千メートル近い山々から運ばれてくる水は夏でもヒヤリとするほど冷たい。

寒風を破るように、声の芯に力があるのは声の主たちがまだ若者であるからにちがいない。

「オガワノミズヲ堰キ止メテェ、我ガ身ニ三度、アビセタマエ、ハライタマエ、キヨメタマエ、南無アブラウンケンソワカァ！」

その声は五人の若者たちが、小川で水垢離《みずごり》をとっている声で、時幸もその中にいた。ほとんど素裸にちかい、下着を身につけただけの時幸の肌は、灼けたように真赤である。

素肌の肩に小川の水を浴びせては、唱え言葉を大声で発し、また反対側の肩にかける。

「痛《い》デ！」

五人の若者の誰かが叫んだが、最初に水をとったときには、たしかに冷たいというより痛みに似た感覚に襲われた。まるで針で刺されでもしたかのようで、肌の穴という穴から痛烈な感覚がつきぬけた。

あまりの冷たさのために、耳が遠くなり、吐き気が湧いてくる。しかしそれもつかの間、

「小川の水を堰き止めてェ……」

と大声で叫んでいると、その感覚もあまり感じられなくなっていた。

厳粛な儀式だからという意識があったからではなく、水垢離をするうちに、自然に集中力が生じ、水の感覚が消えたようであった。

しかし、水垢離が終わり、再び寒風に肌をなぜられると、凍りつくような寒さがもどってくる。真赤に染まった五人の若者の肌からは、煮えたつような湯気が湧きたっていた。それも、次から次へと風とともに吹き去っていく。

水垢離の儀式が終わると、五人は、当番になっている三太郎という屋号の家へ駆け込んだ。

唇が紫色に変わり、ガクガクと震えて、歯が合わない。

「終わっただか。だば、風呂さ沸がしであるがら、入れ」

いわれたときには、先を争って風呂場へ走った。

さきほどの水垢離とちがい、こちらは肩にかけると、ジワジワと涙が出るほど暖かな湯のぬくもりが滲み込んでくる。最初に湯をかけたときに、ビリビリとした感覚があったのは、小川の水や外の空気があまりに冷たかったからである。

三太郎でわかしてくれた風呂は、生命を蘇生させたが、それがまさか仲間入りでの〝不十分〟のタネになろうとは、五人の若者のうち、誰一人思いもしなかった。

マタギたちは、この仲間入りのときだけでなく、禁忌を犯した場合やその年の初猟のとき、それに旅マタギが存在した時代には安全祈願を込めた水垢離をとったものだというが戦後、時幸が水垢離をとったころにはそれもほとんどやらなくなっていた。

ただ、旧暦十二月十二日の山神様のお祭りの前日にとる水垢離の習慣は残っていた。これは昭和四十年前後まで続けられていたが、今日では、新暦の十二月十二日に山神様の祭りだけを行い、前日に水垢離をする風習はなくなっている。

なお、山神様の祭はマタギだけのものではなく、集落の山仕事に携わる者は全員が参加するものである。

つまり、山はマタギにとってだけ神聖な場ではなく、山に関係する何人にとっても神聖で、穢《けが》してはいけないところだったのである。

こうした山神信仰と同じように、集落の山人の仲間として認めるかどうかの〝つやこ〟の儀式も、したがって、マタギだけでなく、山に関係する者は誰もが経なければならないものだったのである。

水垢離が一段落すると、五人は集落の外れにある山神神社に礼拝にむかった。比立内の山神神社は比立内川に注ぐ支沢、田ノ沢の近くの、深い木立ちの中に建っている。すでに雪のあるこの季節では、山神神社のまわりは深い雪におおわれ、なおいっそう厳《おごそ》かな空気が漂っていた。

拝殿の前に立つと、ピンと張りつめた冷気の中に、ほのかに黴《かび》くさいにおいが漂ってくる。

「十二山神十二膳ソワカ、オンケンピラヤソワカァ……」

山神神社に参る時の祝詞《のりと》を十二回唱え、深く崇拝すると、お参りは終わる。

山神様の祭りが十二月十二日であることや祝詞を唱える回数が十二回というのには、

十二という数字に伝説があるからである。

昔むかし、それは十二月十二日の晩のことであった。臨月に近い美しい女が、山で小屋がけの猟をしている七人組のマタギたちの狩り小屋を訪ねた。この深雪の夜のこと、どうにもならぬゆえ、今宵一夜、ここへ泊めてくれないか、とその女はいった。ところがこの組の統領《シカリ》、掟《おきて》は掟だから、どんなワケがあろうと女は泊められないと、にべもなく断わってしまった。

女は辛そうに雪の中を去り、今度は別の五人組の小屋へ行って助けを乞うた。この組の統領はしばらくの間、思案していたが、女が身重であることや、こんな雪深い山奥ではどうにもならないだろうと考え、

「ンだば、女は泊められねども八、私らが明朝、山さおりれば山神様もお怒りになるめ」

といって泊めることにした。そのとき、この女は神妙な霊験《れいげん》を漂わし、

「あなたがたには、いい猟をさずけてあげましょう。この次の沢に、人間に化けた七頭の熊がいます。全部獲ることを許します」

と告げて霧のように姿を消した、というのである。その日が十二月十二日だったことから、祭りもこの日に行われるのである。ちなみに、マタギにとって、七という数

字は凶兆であり、この数字を嫌い、山入りの際にも決して七人で入ることはしない。たとえよほどの都合で七人になったとしても、

「きょうは八人だな。八人で山さ入る」

といって暗黙の確認をして入る。七人マタギを嫌うからである。

水垢離と参拝が終わった五人は、緊張した面持ちで、つやこが始まるのを待った。

水垢離が一段落して、つやこの儀式が始まったのは、日が暮れるころであった。当番にあたっていた三太郎家に、一人、また一人と、山仕事にかかわっている集落の男たちが寄り集まってくる。

もっとも、儀式とはいっても、特別に何事かがあるわけではなく、端的にいえば夜っぴて酒を呑みあかし、語りあうだけのことである。しかし、この場で若者は先輩たちに試され、そして次々にとび出してくる先輩たちの話から、山についてのさまざまな事を教えられるという意味をも、持っていたのである。

この日は、参加する者全員が米を持ち寄り、当番の家ではその米で濁酒《ドブロク》を作る習わしになっていた。このほかに、番家では、でんぶ、おしん香、タコ、焼き魚などを作って供したが、料理は各自が重箱に詰めて持っていくことになっている。

つやこの日は、女は夜の十二時が回るまでは、決してその席に顔を出してはならないしきたりになっていた。

その日寄り集った四十人ばかりの大人の中で、時幸をはじめ五人の若者は、緊張して坐っていた。品定めされているという雰囲気はなく、むしろその座の空気は想像していたよりなごやかでさえある。

同じ集落に住んでいても、これほどの人数が顔をそろえることなど、めったにないことである。

大人たちの四方山話がひと区切りつき、宴もだいぶ盛りあがりはじめたころ、

「だば、一人ずつ歌さ唱えや。こういう席に歌はつきものだでハ」

誰かがいうと、全員が、そうだそうだと合の手を入れる。どうやらそれは、つやこで恒例のことのようである。

実をいうと、時幸は歌が苦手だった。だから、歌を唄えといわれたときは、内心、まずいことになったぞ、と思ったものである。どうも歌は好きになれなかった。音楽が嫌いというわけではなく、聞くことには抵抗がないのに、自分で唄うというのは何といっても苦手だった。

それは、山入りのときに鼻唱気分で入ることを禁じたマタギの世界を見て成長した

ことにも関係していたかもしれない。危険な山に入るときに鼻唄を唄うというのは心の緩みに通じ、ひいては猟の最中の油断にもなると、マタギたちはその気分を戒めていたのである。

そんな時幸の気持を無視するように、若者たちは、一人、また一人と唄っていく。

「次は佐太郎の歌ば聞ぎたいもんだな」

誰かがそういったときには、半ば度胸が坐っていた。

時幸は聞き憶えの歌謡曲を唄いはじめた。すると、

「ダメだ！　もっど大ぎな声で唄わねばみんなに聞ごえね」

野次とも冷やかしともつかない声がとぶ。時幸は顔を紅潮させ、大声をはりあげた。唄うというより、最後はもう怒鳴っているような調子である。

他の若者も同じような調子であり、若者たちにとってはちょっとした修羅場の感があった。

それも、一曲で終わるわけではなく、続けて唄わされたり、あるいは再度、唄う順番が廻ってきたりするのである。そのたびに時幸は数少ないレパートリーを選び、歌謡曲や民謡など、大声をはりあげるのだった。

そうこうして、声も嗄《か》れるかと思われるころ、

「ようし、おまえさんがだは元気もいい。だば、一緒に酒さ飲むべし!」

ようやく仲間入りが許されたようである。ところが、五人の若者が酌をされた杯を口に運ぼうとした刹那、

「ちょっど待で!」

一座の中から異議ありの声があがったのである。

「どうした……?」

というふうに、五人の若者たちは顔を見合わした。

「仲間入りは認めるども、ひとつだけおまえさんがたに気に入らねごとさある」

一座がほんのひととき、静かになった。

「ンだな。水垢離さとっだあとで、おまえさんがたさ、風呂入ったんでねか。仲間入りはいいども、来年にはもう一度、水垢離とるごと!」

一座からワッと声があがり、宴が湧いた。

もう一度、あの身を切るような水垢離をとらなければならなかったが、しかし、山人として仲間入りすることは何とか許されたようである。

時幸はビリビリとしたあの水垢離の冷たさを思いだしながら、大人になっていくことの緊張感を実感していた。

時幸を含めた五人の若者たちは、約束どおり次の年にも水垢離をとった。その年の水垢離は二人ふえて七人だったが、つやこに参加したのは去年より少なく、三十五人ばかりであった。

時幸たちが水垢離をとってから二、三年の後には、比立内でも水垢離をとらなくなり、今は、山神様の祭りが残るぐらいになっている。

裏庭のほうで、祖母のスミが、何やら大声で叫んでいる声が聞こえてくる。普段はあまり大騒ぎすることのないスミにしてみれば、珍しいことであった。

「時幸、時幸！ いだらちょっどこっちさ来て手伝ってけれ」

スミは癇癪《かんしゃく》をおこしたように時幸を呼んだ。時幸は畑に出る準備をしていた手をとめて、裏へ回った。

「大騒ぎしで、何があっただか」

スミは額に汗を滴らせてつっ立っていたが時幸のほうを振り向くと、

「あれさ見でみれ。ウサギさ逃げで摑まらねぐてハ、どもなんね！」

ハァハァと肩で息をしながらいった。

「何だ。ウサギ摑まえるのに大騒ぎしでたンだか……」

時幸はおかしさが込みあげてくるのをこらえながら、姿勢を低くし、十メートルばかり先のところで草を喰んでいるウサギに近づいた。

ウサギは無心で草を喰んでいたが、時幸が二、三メートルのところまで近づくと、弾かれたように翔び、駆け出した。そしてまた十メートルぐらいの間隔をあけると、草を喰みはじめる。また、時幸が追う。

ウサギと時幸の距離は縮まるようで縮まらず、イタチごっこならぬウサギごっこが続くばかりだった。

たかが飼いウサギ、と高をくくっていたわけではなかったが、ウサギは小屋の中の動きとはちがって、驚くほど敏捷《びんしょう》だった。

「だめだな、これゃ……」

時幸はウサギを見ながら、何かいい方法はないかと考えた。

「婆ちゃん、何か餌になるものはないか？」

「餌だか？　大根の葉だばある」

「それでいい。それでおびき寄せればどうだかな」

スミの持ってきた大根葉を、なるべく小屋の入口に近いところに置き、離れたところでウサギがおびき寄せられるのを待つ。

しばらくすると、ウサギは案の定、大根葉に近づいてきた。

「よし、うまぐいっだ」

思って、ウサギの後方から忍び足で近づいた。ところがウサギはそれを予期してでもいたかのように、二、三メートルに近づいたところで、また翔んだ。

そして再び距離を作ると、こららを見て、鼻をヒクつかせ、立ち止まるのである。

何度やっても同じだった。

「婆ちゃん、摑まえられないでハ、おらが空気銃で撃つ」

時幸はいうと、部屋に戻り、空気銃を持って戻ってきた。

また大根葉を置いて待ったが、どういうわけか今度はウサギはなかなか近づいてこないのである。

それでも時幸は大根葉から十メートルばかりの距離を置いて、じっと待ち続けた。

その距離なら撃てる自信があった。

時幸がその空気銃を手に入れたのは、中学校の二、三年生のころであった。松橋旅館に宿泊していた客が置いていった空気銃があったのである。

茂治はもとより、マタギの集落で暮らしている時幸にとって、銃は珍しいものではなかったが、まだ狩猟免許の取れない年齢だったから当然のことながら、鉄砲は持てない。だが、一人前のマタギになりたいという気持と同時に、早く鉄砲を持てるようになりたいという気持もあったから、たとえ空気銃とはいえ、やはり銃には魅力があった。

しかし、その空気銃は残念ながら毀《こわ》れていた。

「この銃、空気が抜げてしまって、弾さとばねのハ、ンだから、処分しでくれって置いでったものだ」

茂治が、銃を手にしている時幸にいった。

「ンだか……直しでも使えねべか？」

「だめだべな。たぶん」

だが、時幸はなぜかその銃が棄てがたかった。

「この銃、おらにもらえねかな、父さん」

「そりゃいいども、何するさ。使いものにならね銃だど」

時幸はそれでもいいと答えて、銃を自分の部屋に持ち込んだ。そして、ドライバーやペンチなどの道具を取り出すと、銃の分解にかかった。

空気銃は銃身を折って、銃の中にあるポンプに空気を詰め、その圧縮空気の力で弾を出すものである。やってみると、その銃はたしかに空気が圧縮されず、引き鉄を引いても情けない音がするばかりだった。

分解といっても、もちろん時幸に銃の知識や分解の技術があったわけではない。しかし、やってみないよりはやってみたほうがいいに決まっている。直らなくてもともと、修理できればそれこそ儲けものである。

それから数日、仕事と勉強の合間をみながら、時幸は食事の時間をも惜しむように、銃の修理にとり組んだ。そして、シリンダーのところがおかしいとわかったのは、もう半ば修理をあきらめかけていたときだった。それだけに、修理できたときには喜びもひとしおで、さっそく銃を持って家の裏へ回った。

といっても、空気銃だから大きなものは狙えない。時幸が狙ったのは、スズメである。

いざやってみると、これがなかなか難しいのである。空気の力といっても、肩につけた銃床から伝わる衝撃はなかなかのものがあるのだ。

照門と照星を睨みながら、的を絞るのだが最初は十羽に一羽もあたればいいほうであった。

しかし、いま時幸が狙っているのはウサギである。スズメやヤマドリは撃ってきたが、ウサギは初めてのことである。

腕には多少の自信がついていたが、空気銃でウサギが獲れるかどうかは、わからなかった。

そうこうするうちに、ウサギは大根葉のほうに近づき、食べはじめた。時幸のいるところから見ると、ちょうど横を向いたかっこうになっている。

時幸は片ひざをつき、蹲踞の姿勢をとってそっと銃をかまえた。

照門と照星を、ウサギの顳顬《こめかみ》に合わせ、颯と引き鉄を引く。ビシッという鈍い音が発したと同時に、ウサギが翔《は》ねた。が、今度はウサギは逃げる気配はなく、地面にひっくり返っていた。

時幸の放った弾は一発でうさぎの顳顬を抜いていた。

「ンだまァ、驚いた。時幸だば、きっといいマタギさなれるにちがいね。みごどなものさなァ」

スミは目をパチクリさせ、孫を眩しそうに眺めながらいうのだった。

それから数日、めっきり秋らしい風が吹くようになったある日、時幸はキノコを採りに山へ入った。目的は舞茸である。

時幸は夏のあいだに、いい舞茸が生えそうな場所をみつけておいたのである。それは河辺郡境に近い山林の中で、時幸の家からはちょっと遠かったが、大きなミズナラの古木があったのである。

家から歩いて四時間ばかりかかるその場所へ、時幸は夜明けを待って出ていった。途中では苔むした山毛欅《ぶな》の木肌に生えたキクラゲを採ったり、ナメコを採ったりしながら、その場所に着いたのはもう陽が高くなってからであった。

あたりは雑木で埋められていて、紅葉した樹の葉を通してふりそそぐ陽光が瑞々しくて明るかった。

時幸が見つけておいたミズナラの古木は、北側斜面の険しいところにあり、雪のない季節とはいえ、たどりつくのは大変だった。

だが、その甲斐があって、古木の根には約三キロばかりはあると思える立派な舞茸が生えていた。

時幸はその舞茸を、菌糸を壊さないように気をつけながら採り、再び土をかぶせた。こうしておけば来年もまた生えてくるからである。採った舞茸をカゴに入れ、時幸は上ってきた斜面を下った。途中、枝木を山鉈《ナガサ》ではらったが、どうも切れ味が落ちているのが気になった。ナガサはついこのあいだ研いでおいたのだが、研ぎが足りなかったのかもしれない。

それが気になっていたので、時幸は家に帰りつくと、舞茸の入ったカゴをおろすと、池の畔で研ぎにかかった。

刃峰に掌をあて、心を引きしめて研いでいると、体の芯まで澄明になってくるような気がする。

ほぼナガサが研ぎあがったころ、

「いい舞茸さとれだか」

スミが通りかかっていった。

「ああ、あった。珍しいぐれのやづさ、あっだど」

時幸が明るい笑顔をむける。スミは時幸の背負ってきたカゴをのぞき、大仰に驚きながら、

「根子の国男さ来でるど。時幸の帰ってぐるの待っでだみたいだども……」

そういって家のほうに顔を向け、

「国男、国男。時幸さ戻っだどォ」

と叫んだ。家の中から、

「ンだか。すぐ行ぐ！」

声がして、国男が出てきた。

「舞茸さ採りに行ってでただか」

国男はいいながら時幸のそばにやってきた。

佐藤国男は大正十年生まれで、隣の根子《ねっこ》集落に住んでいる。根子のマタギの中ではいい腕を持った若手のマタギである。

「ちょっと用事さ頼まれだものでハ、寄ってみたども、初マタギさやっだそうだナ」

初マタギで熊に襲われたのを聞いたのか、国男はニコニコしながらいった。

「ああ。いい経験だった」

時幸も笑いながら答える。国男は時幸の研いでいたナガサに目を向け、

「久しぶりに杭打《こげやうち》でもやるだか」

ふと懐かしそうな表情をうかべた。

「ンだな。そういえば、しばらくコゲヤウチもやってねものな」

時幸も乗り気で応じた。

コゲヤウチというのは、ナガサを使ったマタギ集落の若者のあそびである。使う道具はナガサと直径六、七センチ、長さ四、五十センチの木の棒だけである。棒はアカシア、ナラ、イタヤなどがいいとされていた。

この棒の先を削り、それを地面に立て、お互いの棒を倒しあうのである。一人が地

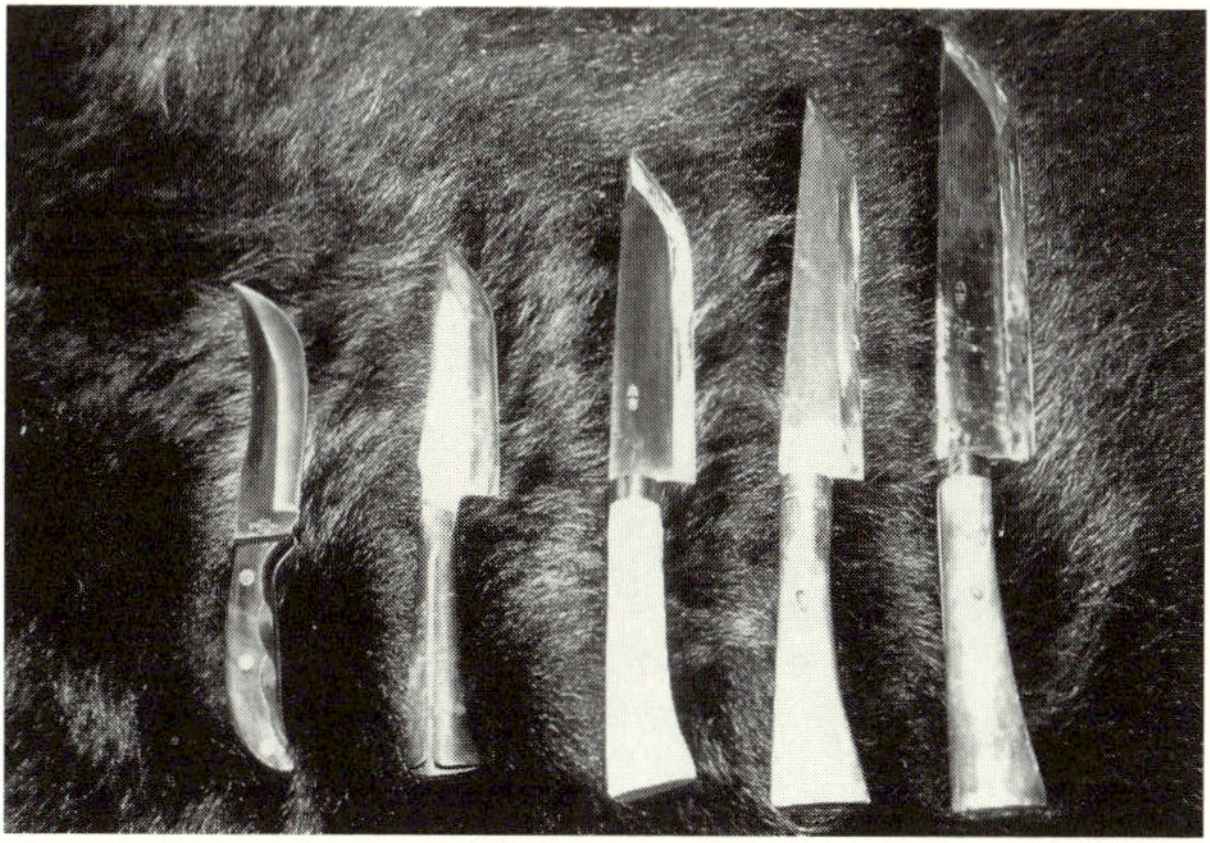

ナガサは「マタギの魂」ともいわれる道具である。
鉄砲が不調のとき、熊に対することもある。

面に棒を打ちつけ、杭のようにして立てる。それをめがけて相手は打ち倒すように、また立てる。倒された方が負けになるのだが、しかし勝負はこれでついたわけではない。立ち残った棒杭をナガサで切りつけ、ナガサの切れ味を示すのである。

棒杭の先の削り方にもなかなか工夫がいって、尖鋭にすると立ちやすいが、倒れやすく、削りが甘いと立ちにくい、これもカンひとつ、ナガサの使い方ひとつで勝敗に大きく影響した。

あそびとしては単純で、釘立てと似ていたが、豪快で、ナガサを使うというところが、いかにもマタギの集落に伝わるあそびらしいものだった。

ナガサはマタギの魂ともいわれる道具だが、いつでも研いで切れ味をよくしておくことは老若を問わず、マタギとしての姿勢を問うものでもあったのである。そういうことからいえば、このコゲヤウチは、マタギの心がまえを試す若者たちの試練の場であったといってもいいかもしれない。

その日の勝負は五分五分の引き分け。力では年長の国男のほうが勝っているようだったが、初マタギを経験したばかりの時幸はその意気込みと気力で対抗したのである。

ナガサに削りとられて半分になった棒杭を目の前にしながら、

「今年は熊さどうだかな。根子のほうでも、杉ばかり多ぐなってきてハ、このままではそのうち、奥さ行がねば熊は獲れねぐなるんでないかと思うものナ」

比立内でも根子と似たりよったりで、この数年、森林の伐採が進み、そのあとには杉が植えられるところが多くなっていた。

それでもまだ危機感を覚えるというほどではなかったが、秋になっても紅葉しない山を見ていると、時幸も国男と同じことを考えることがあった。

「今年はそれでも少しはいいみでだと話しでだようだどもな」

「ああ、木の実もよくなってるみでだし、やりようによってはいいかもしンねな」

国男はそういうと、ゴロリと地べたに寝そべった。時幸もそれに続く。

「熊は減ってるわけでないんだどもな」

あたりの叢《くさむら》では、秋の虫が鳴いていた。空には秋の深まりを告げるような雲が、蒼《そう》碧《へき》を掃くように流れていた。

もう一カ月もすれば、山々に初雪がくるころだった。

二　掟

陽の出にはまだ間がある四月の早朝、時幸はスミに結んでもらった五、六個の大きなにぎり飯をナップザックに入れて家を出た。

都会《まち》ではぼつぼつ桜便りも囁かれる季節ではあったが、四月とはいっても比立内はまだ深い雪の中に埋まり、外は肌を刺すような冷気が満ちていた。

だが、幸いにも雪は降っていないようである。

スキーをはき終えて、ふと空を見あげると上弦の月が浮かび、満天の星が輝いていた。

「このぶんだば、天気はだいじょうぶだな」

時幸は独りごちて、岩次郎の家に急いだ。

まだ集落のほとんどの家が、深い眠りの中にある時間だったが、岩次郎の家にはもう灯りがともり、囲炉裡の火が暖かくおこっていた。

「おはようございます！」

時幸が元気な声でいうと、すでに寄り集っていた数人の先輩マタギたちがいっせいにこちらに顔を向け、

「おお、来だか。まずはこっちさ入れ」

と招じ入れた。炉端ではもう、きょうの猟の相談が始まっているようである。囲炉裡に埋《い》けた薪が爆《は》ぜて火の粉を散らし、それが外気の低さを深めているように思えた。

「やっぱりやるとせば、天狗ノ又あだりだど思うべな……」

「ンだす。このあいだ追っだうちの一頭さ、まちがいなぐ天狗ノ又あだりに入ってる」

「だば、決まりだ。きょうは天狗ノ又させめでみる。みんな心しでかがってくれ」

そしてそれぞれの役回りが決められると、マタギたちは立ちあがった。

その日の時幸の役回りは沢沿いに熊を追い出す沢勢子《せこ》であった。昨年春の初マタギからは何度か熊狩りも経験していたから、あのときほどの緊張感はなかったが、山入りで心を引き緊められるのは同じだった。

薄明の広がりはじめた雪道の中を、みごとな板さばきで、マタギたちはスキーをす

べらせていった。

やがて山麓に着くと、全員がそこでスキーを外し、板の後方をズボリと雪に突き刺して立てた。あとは歩いて行くのである。

ただ、スキーは外したが、軟雪があることも考えて、カンジキだけは背にくくりつけていく。

早朝の雪面は冷気のために凍っていて、長靴で踏むと、バリバリと音をたてた。初春、この雪は気温が上ると、水気を含んで歩き辛くなる。

マタギたちがスキーを外して向かったのは、山麓から歩いて一時間以上もかかる高倉沢口である。

そこは天狗ノ又沢あたりを猟場とするときの集合場所になっているところであった。このほか、比立内マタギでは、鳥坂沢、大深沢などを猟場とするときは天狗ノ又沢の入口というふうに、猟の合流、集合場所が決められていた。

合流、集合場所をあらかじめ決めておくのは、猟の開始、終了の際に、参加したマタギの人数を確認し、無事を確かめるためでもあった。

合流、集合の場で、一人でも人数が欠けていると、そのマタギが戻ってくるまで全員が待ち続ける。危険な山入りで、決められた場所に戻れないというのは、不測の事故がおこったことも考えられるため、待つばかりでなく、最悪の場合は全員で捜索にあたることもあるのである。

熊の襲撃、雪庇を踏み抜くなどの滑落、雪崩《なだれ》……山での事故は、ちょっとしたことが、死の危険につながることがある。古くから伝えられてきたマタギたちの禁忌や掟には、このような山入りの危険防止の意味から出ているものが多い。山での危険は、どんなに時代が移りいこうと、変わらない。

「だば、これがら猟さ入る」

統領がいったとき、

「統領、おらだち、事業所のほうの仕事さあるだでハ、あまり長くはやれね。ブッパさやるのはいいだども、うまぐ追い出しでもらいで……」

そういったのは営林署に勤めているマタギだった。マタギといっても、もうこの時代には猟だけを専業とするマタギで暮らしていける時代ではなく、本業を他に持つ者がほとんどになっていた。

それでも、都会へ出るには、国道もなく、あいかわらず峻嶮な大覚野街道に頼るしかなかったから、都会へ勤めに出る者はまだ少なかったが、出稼ぎに行く者も、ぼつぼつ出はじめていた。

「三人とも、同じだか……」

事業所から来ている三人の男たちに、統領が訊いた。

「ンだす……」

統領はちょっと考えてから、

「だば、三人はウケに回ってもらうべし」

全員の同意を求めるようにいった。

ウケというのは勢子に追い出された熊を、猟場の外に逃がさないように逃げ道をふさぎ、もう一度、ブッパのところに追い返す役である。

つまり、きょうのように、猟場の中に熊がいることがわかっている場合、追い出された熊の逃走路を確実に遮断すれば、彼らの役目は終わるのである。そんなことから、統領は三人をウケにつかせたのである。

まだそれほど熊狩りの場を踏んでいるわけではなかったが、時幸は内心、このちょっとした出来事に、出鼻をくじかれたような気がしたのも事実だった。配置がかわれば、当然猟のやり方もかわってくる。

だが、小さなことにこだわって気持に隙ができると、完全な猟を遂げることができない。時幸はそんなこだわりをすぐに思いの外に追い出し、忘れて沢に入った。

沢口におりたときには、まだ陽光がさし込まず、深閑とした冷気が流れていたが、それでも深い雪に埋もりながら歩いていると、肌はすぐに汗ばんでくる。

「ホーイ、ホーリャ、ホリャ！」

時幸は大声を出して沢伝いに溯っていく。尾根のほうでも、熊を追い出すカタ勢子の声が風にのって聞こえてくる。一心に追い声をはりあげて溯っているうちに、沢にも陽がさすようになっていた。

どのぐらい歩いたか、自分ではわからなかったが、最初の小休止が入り、体の汗を拭き終わったときに、時幸は急に空腹を覚えた。

腹が空いた、と一度思いはじめると、腹の虫まで鳴きはじめるような気がしてくる。時幸はたまらなくなって、背中のナップザックをおろし、大きなにぎり飯をとり出した。

雪の山を歩くのは重労働にちがいなかったが、若いぶんだけ腹が空くのも早い。熊を追っているうちは、神経をそちらに集中していたから、空腹を感じる暇もなかったが、その緊張が解けると、もうダメだった。時幸は貪るようににぎり飯に喰いつくと、あっという間に一個をたいらげてしまった。

先日の猟では、休憩するたびににぎり飯を喰っている時幸を見て、
「佐太郎だば休めばモノ喰ってるナ」
と、先輩マタギたちに笑われたものだった。時幸はふとそれを思い出し、本当によく喰うな、と自分でもおかしくなってニヤリと笑った。

雪の斜面についた大きな熊の足跡を時幸が見つけたのは、短い小休止が終わって、沢を歩きはじめてすぐのことだった。

その熊の足跡は雪をかぶっていなくて、まだ新しいものにちがいなかった。それに、ほぼ円形に近い形であることからすれば、地熊だと思われたが、それにしても大きかった。

地熊というのは、その土地に棲みついている熊のことで、そのほかには稀に、渡り熊といって他の山から移動してくる熊も見られた。渡り熊は森林の奥地の開発などによって棲息場所を移ってくることが多かったが、その足跡は楕円形をしているといわれていた。

「いだッ!」

足跡をみつけた時幸は緊張感をいっそう高め、全集中力を足跡に向けた。目で追うと、足跡はまるで時幸を先導するようなかっこうで、沢を溯っている。

「足跡、あっだどォ！」

大声で叫んでから、追い声をはりあげながら雪を踏みしめ、早足で溯りはじめた。熊も当然こちらの存在に気づき、逃げているにはちがいなかったが、時幸との距離はいっこうに縮まる気配がなかった。

しかも、熊の逃走経路は沢を詰めるにしたがって、ブッパのいる方向を外れてきているのである。

時幸は追いながら、熊の出る方向を推測した。

「ははァ、これだばブッパのとこさ出ねどもウケのほうさ行ぐにちがいない」

時幸は胸の中で呟くと、この猟はうまくいくかもしれないという思いを深めた。何しろ追っているのは大物である。たぶん百キロはあるだろうというのが、時幸にもわかった。何としても獲りたい獲物だった。

初マタギの時の苦い経験がちらりと脳裡を掠《かす》め、時幸は無意識のうちに、腰に手をやりナガサが納っているのを確かめていた。

「ホーリャ、ホリャ！　ホウ、ホウッ！」

時幸は追い声に力を込めた。そうやって熊を追っていると、昼食時が過ぎたのもまったく気がつかなかった。空腹を覚えるどころかにぎり飯を持っていることさえ思いうかばなかった。

おかしいぞと思いはじめたのは、熊を追いはじめて四時間ばかりが過ぎたころだった。

時幸は目をあげて尾根のむこうに隠れはじめた陽光を見た。茜色の陽光が山の端を染め尾根から沢に下る斜面に翳《かげ》りを作って美しい対照を作り出している。だが時幸には、そんな美しさに見とれている余裕はなかった。

時幸の追ってきた距離と、今いる位置からすれば、熊を発見した合図の叫び声どころか鉄砲の音さえ聞こえてもいいころである。熊はまちがいなくウケのいるところへむかっているはずであった。とすれば、熊はウケに追い返され、ブッパのいるほうへ出るにちがいないのだ。

それにしても、遅すぎた。

時幸はウケの待つ桑ノ森が近くになったところで、

「そら、熊出だどォ、そっち行っだァ！」

大声で叫んだ。だが森は深閑としたままで答える声はなかった。

時幸が足を速めた直後、猟の終了を告げるムカイマッテの声が聞こえた。

熊が獲れていれば、

「ショウブ、ショウブゥ！」

の声が聞こえるはずである。それもなければ銃声もないということは、熊が獲れないまま、猟が終わったことを示していた。熊を猟場の中で目前に追いながら、なぜ獲れなかったのか、時幸には納得がいかなかった。

急ぎ足で集合場所の高倉沢口に戻ってみると、マタギたちがやはり合点のいかない顔をつき合わせて何事かを話しあっていた。

「佐太郎だば、どこさ熊出しだ！」

時幸を見ると統領が厳しい口調を滲ませながら、時幸に訊いた。

「沢さ登っでいぐ足跡追っで、ウケの人がたさいるどころさ出した」

「だば、桑ノ森のほうさやっただか？」

「ンだす。熊さまちがいなく、そっちのほうさ行ってる！」

時幸は自信を持って答えた。その場所は、以前、岩次郎から、よく熊の獲れる猟場だと教えられたことがあり、まちがうはずはなかった。

「ンだか……だば、事業所の人がたさ戻って来れば訊いてみるべしゃ」

「それしがネものな……」

健二郎が当惑を表情に見せながら呟いた。

しかし、ウケにまわったはずの事業所の三人は、三十分たち、一時間が過ぎても戻ってこなかった。

誰かがいったのをきっかけに、桑ノ森に行ってみることになった。

「何か、あっただだか」

日暮れの迫る夕陽の中を、マタギたちは桑ノ森へむけて、速足で歩いていた。口を開く者は誰一人なく、ただならぬ気配が全員を支配していた。彼らの歩みは速足ながらも正確なリズムを刻み、少しの狂いも乱れもなかった。

ウケについた三人は猟の経験がない者ではなかったし、三人もいるのだから、いかに百キロはある熊とはいえ、めったなことがあるとは思えなかった。

しかし、山では人間の思惑や想像を遥かに超えることがおきても不思議ではない。その危機感がマタギたちの足を速めていたのかもしれなかった。

桑ノ森に着くと、休む間もなく全員が手分けして、何らかの手がかりを求めて、あたりに散った。日暮れが近く、急がねばならなかった。口にこそ出さないが、誰もが内心ではあせりを覚えはじめていた。

しばらくして、三人がいたと思われる場所から少しばかり上ったところをさがしていたマタギの一人が、

「何だ、これァ⁉」

素頓狂《すっとんきょう》な声をあげた。それと同時に、沢のほうをさがしていた別のマタギが、

「熊の足跡さ、ここにあるどォ。沢の上のほうさ抜けでる！」

大声で叫んだ。

「シカリ、あの人がただば……」

素頓狂な声をあげたマタギがちょっといい澱《よど》んでから、

「帰ってしまったんでないか？」

決心したようにいった。

「ンだな。人間の足跡さ、桑ノ森越えで、事業所の宿舎のあるほうへ向がっでるもの」

別のマタギがいった。

「……困っだ奴らだナ」

シカリが苦々しそうに唇を歪めて呟いた。

一人で行く〝忍び猟〟などはともかく、グループでやるマタギの猟では、グループに迷惑をかけることは最悪のことである。当然のことながらグループの動きを乱すような自分勝手な行動は厳に戒められている。そんな行動が熊を獲り損なうことはもち

ろん、とんでもない事態を引きおこすこともあるからである。

事業所の三人が、グループの誰にも告げることなく、自分たちだけの都合と判断で持ち場を離れたとすれば、それはやはり許されない行動であり、昔なら厳しい潔斎《けっさい》をさせられても仕方のないことであった。

だが、時代の波は時の流れを停めたようなこの山村にも否応なく流れ込み、受け続けられてきた伝統や習慣《しきたり》を大きく変えてしまうほど凄まじかった。

昭和初期のころから輸入され、大量に出回るようになった安い毛皮、食肉の低下、さらには狩猟期間、狩猟免許といった狩猟法の規制。加えて森林の伐採、造林などの森林開発による動物の減少……今やマタギが狩猟の民として生きていく生活圏は、狭まるばかりの時代になろうとしていた。

終戦を境として狩猟免許を持つ一般ハンターの数も、時代の繁栄と平和を反映するように増えている。しかし、マタギの集落で時代の波を反映していたのは、皮肉にもその波の渦に巻き込まれた変貌であった。

マタギ専業で生きてきた家でも、林業、農業、公務員や自営業、会社員を職業とする者が増えていた。もちろんそれはマタギ専業で生きていくことが困難になった社会の変化というものが、大きな要因になっている。人間の力ではとどめようのないその変容を、誰にも責めることはできない。

そしてこのような変容が、マタギの世界では禁忌を犯した者がとらなければならない潔斎や習慣をさえ過去のものにしようとしていたのである。それが、時代の波であった。

そんなこともあって、昔なら当然、潔斎をとらされたであろう三人の行動は、特別の責任を負わせられることはなかった。

しかし、伝統による制裁はなかったにしても、マタギ仲間としての信用を失ったことだけはまちがいない。それは昔も今も変わりないことである。

マタギ仲間として信用を失うのは、ある意味では具体的な罰を受けるより厳しい制裁を受けることでもある。あんな男と猟はできない、との烙印《らくいん》を押されることは、二度と熊狩りに参加できない永遠の拒否を意味する。

「歩いた跡だばたしかに宿舎のほうさ行ってるども、途中で何かあれば困るものな」

シカリが苦渋を滲ませ、困惑していうのを受けて、

「だば、おらだちが行って確かめてくる。佐太郎さ一緒に来い」

カタ勢子をやっていた二人の若いマタギが時幸を連れて、桑ノ森を越えて、宿舎へむかった。

結局、この一件はマタギたちの想像どおり事業所の三人が、仲間の誰にも告げずに宿舎に帰っていたことが確かめられて落着した。

時幸の追っていた熊は、彼らが持ち場を離れて間もなく、そのすぐ傍《そば》を通り過ぎたようであった。熊にしてみれば、無人の関所を、悠々と通っていったことになる。そこを通り過ぎれば、猟場の外……。

時幸にしてみれば、初マタギ以来、勢子になって初めての大物だっただけに、それが獲れなかったのは歯嚙みするほど残念な思いだった。しかし、マタギがグループとして動くことの意味、あるいはいったん猟に入れば個人のちょっとした動きがグループ全体に影響するものだということを、強烈に印象づけられた猟になった。

黄昏の空に急激に冷え込んだ空気が流れ、雪が舞いはじめた。

「さて、では帰《クラ》るべし」

シカリがいい、マタギたちは暗くなった雪の積もる山道をおりていった。

七十キロばかりの雄熊が獲れたのは、それからしばらくしてのことだった。月の輪熊としては平均的な大きさであったが、しかし、その熊は体の大きさにすればよく肥え、冬眠明けで痩せた熊の多いこの季節では珍しかった。

里では陽あたりのいいところは、すでに雪解けが見られる季節である。

上げ巻きといって、熊を尾根のほうに追いあげてとる猟法で仕留め、林道までおろしたあと、全員で集落まで運ぶのである。熊の体にロープをかけ、これを曳いていくのだが、七十キロとはいえ、肥えた熊はズシリと重く、何度か曳《ひ》き手が交替した。

獲れた熊は山からおろせないほどの大物でない限り、ほとんどは里で解体することになっていた。昔のように、山中に小屋掛けして何日も猟をすることが少なくなり、日帰りの猟が多くなって、里で解体するほうが合理的でもあったからだ。

熊を解体する場所は、稀にシカリの家ですることもあったが、ほとんどの場合は集会所を使うことが多かった。集会所は時幸の家のすぐ裏側にあり、時幸も集会所が解体の場に使われるようになってからは、見学する機会も多かった。

「佐太郎もきょうは手伝うごとだ。先々はシカリさなる男だもの、ちゃんと憶えるごとが必要だ」

先輩マタギからいわれたときは、正直なところ狼狽した。何度も見ている解体ではあったが、しかし、いざ手伝うとなると何をすればいいかわからない。自分一人の不手際で、みんなに迷惑をかけることになったら困るぞというかすかな不安もあったからである。

集会所に設けた解体の場に熊が置かれるとケボカイの儀式である。ケボカイは祟《たた》りを祓《はら》いながら次の豊猟を願うもので、マタギたちにとっては重要な儀式であった。

ケボカイは、同じマタギ集落でも解体した後にケボカイをやる集落もあったが、比立内では解体前にやるのがその作法になっていた。

集会所にゾクリとするような神妙な空気が流れ、猟に参加したマタギはもちろん、集会所に集ってきた人々も、静まりかえって並んでいる。

「南無ザイホウ、ブリョウ、ジュガクブツ」

というケボカイの呪文を、シカリが小枝を使って祓いながら、七回唱える。祓うのに使う小枝は特に決まっていなかったが、呪文を七回唱えるというのは決まっていた。マタギにとって七という数字は大凶にあたるものだったが、あえて七回唱えるのは、それが「殺す」ということに通じるからであった。

ケボカイの儀式が終わると、いよいよ解体である。マタギたちが、申し合わせでもしたように、それぞれの持ち場につく。

何を手伝えばいいかわからず、時幸はその場に佇《た》っていたが、

「ほれほれ、佐太郎だば、右の前肢さ、しっがり持ってれ!」

解体刀《コヨリ》を持った岩次郎にいわれ、あわてて熊の頭のあるほうに回った。

「そンだ。あまり引っぱりすぎないようにしで、脇さ開ぐようにしで持で」

マタギたちが手肢を左右に開くようにして持ち、まずは〝皮断ち〟にとりかかる。この皮断ちは、断ち方によって使える皮の大きさがちがってくるので、解体の中でも難しいものとされている。

皮断ちの技術の良し悪しは、皮と脂肪をいかにうまく分断するかが決め手になった。皮に脂肪をつけないように剝ごうとすれば、それだけ刃先は皮に近づくことになり、ちょっとした油断で皮を傷つけてしまう。傷ついた皮は値うちが半減するので、一瞬たりとも気が抜けなかった。

だからといって、皮を傷つけるのを怖れて皮に脂肪を多く残すと、なめしがうまくいかず、そういうことからすると、皮を傷つけるより具合が悪かった。そんなこともあって、皮断ちはたいていはシカリか、それに準じる経験のあるマタギの役目になっていた。

「この熊だば、敷物になりそうだな」

いいながら岩次郎は熊の唇のところにコヨリを立てた。敷物にするか剝製にするかでコヨリを入れる場所がちがい、剝製にするときには、アゴの下に入れるのである。また、敷物にするか剝製にするかは熊の大きさによってちがった。敷物にする場合は、体重六十キロ以上、長さにすると一メートル四十センチ以上で、六十キロ以下だと剥製にすることが多かった。

岩次郎がコヨリを立て、胸元を引き、剥ぐと、熊の黒々とした毛皮を割くように、白い脂身が現れた。

岩次郎のコヨリさばきは、スムーズで鮮かだった。見ているといかにも簡単そうであったが、実際にはかなりの経験が必要とされるほど難しいものなのである。

皮断ちした後の熊は、あのズングリした体型とはちがって、むしろスマートといったほうがいいような形をしていた。皮を剥いだあとの体軀は全身の表面を白い脂肪で蔽われ、凄絶な力を持った獣からは想像できないほどの静謐《せいひつ》さを漂わせていた。

熊のことを、マタギ言葉では〝イタヂ〟というが、これは、熊が小獣の鼬《いたち》と同じような体型であることから出たものとされている。実際に、熊は冬眠のために木の洞に入るときや、狭隘な場所を通過するときなど、頭骨が入れば体は全身がスルリと抜けるのである。皮を剥いだあとの熊の肉体は、なおさらあの胴長の鼬の体型によく似ていた。

「あれあれ、これァまだよぐ肥えた立派な熊さ獲れだものだなや！」

そういって顔を出したのは阿仁合で薬屋をやっている男であった。薬屋はこのあとで行われる糶《せ》りに参加するためにやってきたのである。

「このぶんだば、胆《い》のほうもさぞやいいのが入っていそうだで、きょうはひとつ、いい値さつげさせでもらいますか！」

ツルリと顔を撫ぜながらいった。

獲った熊は解体が終わると、集会所に集った者全員が参加して入札し、糶り落としていくのが決まりになっていた。参加できるのは猟に出たマタギ衆だけでなく、女でも参加できるのである。

解体が終わり、熊がそれぞれの部位に分けられるころには、集会所はムッとするような血腥《ちなまぐさ》い空気に満ちていた。血と臓物の匂いが室内にこもり、馴れない者なら反《へ》吐《ど》を催してもおかしくないほど、息詰まるような臭気である。

解体の場には何度も立ち合っていた時幸は血腥さに抵抗を覚えることはなかった。むしろ、その匂いに、熊を獲った実感を感じるくらいだった。

背骨、背肉、腰肉、前足、後肢、肋骨、心臓、肺、腎臓、頭、毛皮、胆嚢《たんのう》。熊は糞《フン》以外はすべて金になる、といわれた。いや、その糞でさえ、冬眠明け直後のものなら、熱さましの薬になるとされていたのである。

しかし、いちばん値うちがあったのは、やはり胆嚢である。胆嚢は熊の胆《い》とか単に胆《い》とも呼ばれるが、万病に効くといわれ、昔から珍重されてきたものであった。

かつては佐竹藩でも藩の常備薬としたり、将軍への献上物としていたほどで、その価値は、胆一匁金一匁といわれるぐらい高価なものであった。

戦後、化学薬品の普及や置き薬の衰退などで若干需要が減り、値を下げたこともあったが、今日では漢方が見直されはじめたことや稀少価値となったことなどで、一匁(三・七五グラム)あたり二万円以上になっている。

もっとも、一回に飲む量は米粒ほどのものだから、一匁といえば約百回分に相当する。

それはともかく、胆は肝臓の傍に隠れるようにしてついていて、淡い笹色をしている。しかし解体のときに、微かにでも傷つければ胆の中に入っている胆汁《エキス》が流れ出て、まったく値うちがなくなってしまうのである。

岩次郎はその胆をとり出すと、

「これは良物だ。いい値さつげてもらいでものさな」

嬉しそうに笑った。

熊の胆は春熊の、それも冬眠あけ直後のものほどいい胆が入っているといわれる。

実際に体力を使う季節の熊の胆は小さかった。

「時幸、見でみれ。この胆さキンチャクの形してるべしゃ。それに色艶もいいしな。こういうのが値うちものだ」

目は胆に向けたままいった。

「ンだか。では、良《い》ぐね胆はどんなだ？」

「良ぐねのはハ、そうさな、アケビ形っていうだか、細長いやづはまンずダメだな」

岩次郎のいうとおり、糶りに参加する者たちも、胆の形や色艶で値ぶみしているようであった。

とり出した胆は上の部分を紐で縛り、それを約一週間、影干しする。その後、板で両側から挟んで再び一週間ばかり乾燥させるのだが、乾燥させるうちに胆の水分が抜け、出来あがった時には、とり出した時の約四分の一ほどになっている。

水分の抜けた胆はいわばエキスがギッシリ詰まり、アメ色を帯びた板状のものを見ていると、その効力が伝わってくるようにさえ思えるのである。

その夜、時幸の家の夕餉の卓には、熊鍋が並んだ。これは味噌仕立ての料理だが、時幸の家では先祖伝来とされている料理である。

鍋の中には、ロースはもちろん、子袋や腸それに、大根や大根葉などの野菜、さらにはゼンマイやワラビも入っている。ワラビは塩漬けしたもので、ゼンマイは乾燥させたものを使う。

これをしばらくグツグツ煮ていると、汁の表面に薄い薄い皮のようなものが張りはじめる。これは〝テリ〟と呼ぶものだが、内臓の表面についた脂肪が熱で解け、浮き出したものである。

もっとも、脂肪といっても決して脂っぽくなく、淡白ではありながら、熊鍋の旨味をひきたてるものになっているようである。

「テリが出るがら味がよぐなるンでハ」

いいながら、仕上げに日本酒を少し混ぜ、スミがそれを椀にとって時幸にも渡してくれた。

「ほんとにナ、いつ食べでもうまい！」

体の芯が温まってくるようで、時幸はきょう一日、山を歩いた疲れを忘れるような気持になった。

熊鍋の他にも、熊肉料理はあったが、やはり熊鍋として供されることが多いようであった。

ちなみに、熊鍋の他には、ロース肉を使った熊肉ステーキ、脂肪の刺身、心臓、肝臓、胃など内臓を使って味噌仕立てにする内臓汁などが家庭料理としてあった。

また、マタギたちは、解体の際、腹にたまった熊の血を飲むこともあった。この血は、強壮、増血を助けるといわれたが、薄い塩味で、血液ではあるのに意外なほど血腥さはなかった。

三　初猟

時幸が初めて熊を獲ったのは、二十歳になってからである。戦後、大阿仁猟友会が結成されて数年後のことであった。

阿仁マタギというと、阿仁町の鉄砲撃《ぶ》ちはすべてマタギという印象を与えがちだが、マタギ集落は、同じ阿仁町の中でも、奥羽山脈と出羽丘陵に囲まれた奥地の阿仁川沿いに集中している。

マタギたちの猟の中心は当然のことながら熊を獲ることであったが、マタギ集落以外の一般ハンターのほとんどは山鳥や小獣を撃つレジャー目的の狩猟が中心であった。昭和二十年代に入り、秋田全県の狩猟人口は二千人になっていたが、その大半はレジャーとして猟を楽しむ一般ハンターであった。

戦争を境にして、比立内、根子、打当《うっとう》などのマタギ集落も、旧来の姿からは大きく変容しようとしていたが、しかし職業的狩猟者としての意識はなお連綿と受け継がれていて、一般ハンターの狩猟世界とは隔絶するものがあった。

荒瀬の集落を境にして、北部の阿仁合とマタギ集落のある大阿仁地区が合併して、猟友会を結成しようという話が持ちあがったのはちょうどそのころ、昭和二十四、五年のことである。

だが、この話にマタギたちは困惑した。

猟の方法はもちろん、趣旨や狩猟の世界もちがうものが、はたしてひとつにまとまるものか、どうか……。長老マタギの中には、マタギがマタギとしての魂を失い、一般ハンターと変わらなくなっていくことへの反発を口にする者もいた。そうなれば、熊を獲ることで生きてきたマタギの伝統はもちろん、熊を獲る技術さえ絶えてしまうのではないかという危惧があったのである。いくら時代が移り、マタギの世界も変わってきたといっても、彼らが一般ハンターと同じになっていくのは、やはり耐えられなかった。

マタギ集落では連日のようにマタギたちが寄りあい、どうするべきかの相談が続いた。

しかし、最初から意見の大半は趣旨の違いに難色を示していた。それをどうすればいいか、名案をさぐることが話合いの中心だったが、この際、それまで曖昧であったところをはっきりさせる意味からも、独自に猟友会を結成させてはどうかという案が出、それを決定する方向に傾いてきた。

この案の中心になったのは時幸の父の茂治たちだったが、マタギ集落を基盤にした大阿仁猟友会を結成することに反対する者はいなかった。

大阿仁猟友会の結成は終戦から三、四年後、時幸がまだ初マタギを経験するまえのことであった。

時幸が猟銃の免許を取得したのは、初マタギから約四年ばかりたった二十歳になってからである。もちろん、大阿仁猟友会の会員である。

だが、一般ハンターなら、免許を持てば銃を持てるところだが、マタギの世界では銃の免許があるからといって、いつでも好き勝手に銃を持ち、撃てるわけではなかった。特に熊狩りでは、新米よりはるかに経験豊富で腕のいい先輩のブッパもいたのだから、よほどのチャンスがなければ、鉄砲を持ったブッパにつくことはできなかったのである。数人がひと組になって猟をするマタギの猟は、それほど、それぞれの持ち分が重要視されていたのである。

しかし、時幸がブッパに回るチャンスは、意外に早く廻ってきた。

五月。連日のように降り続いていた雪は霙《みぞれ》にかわり、春めいた気温の上昇を告げる

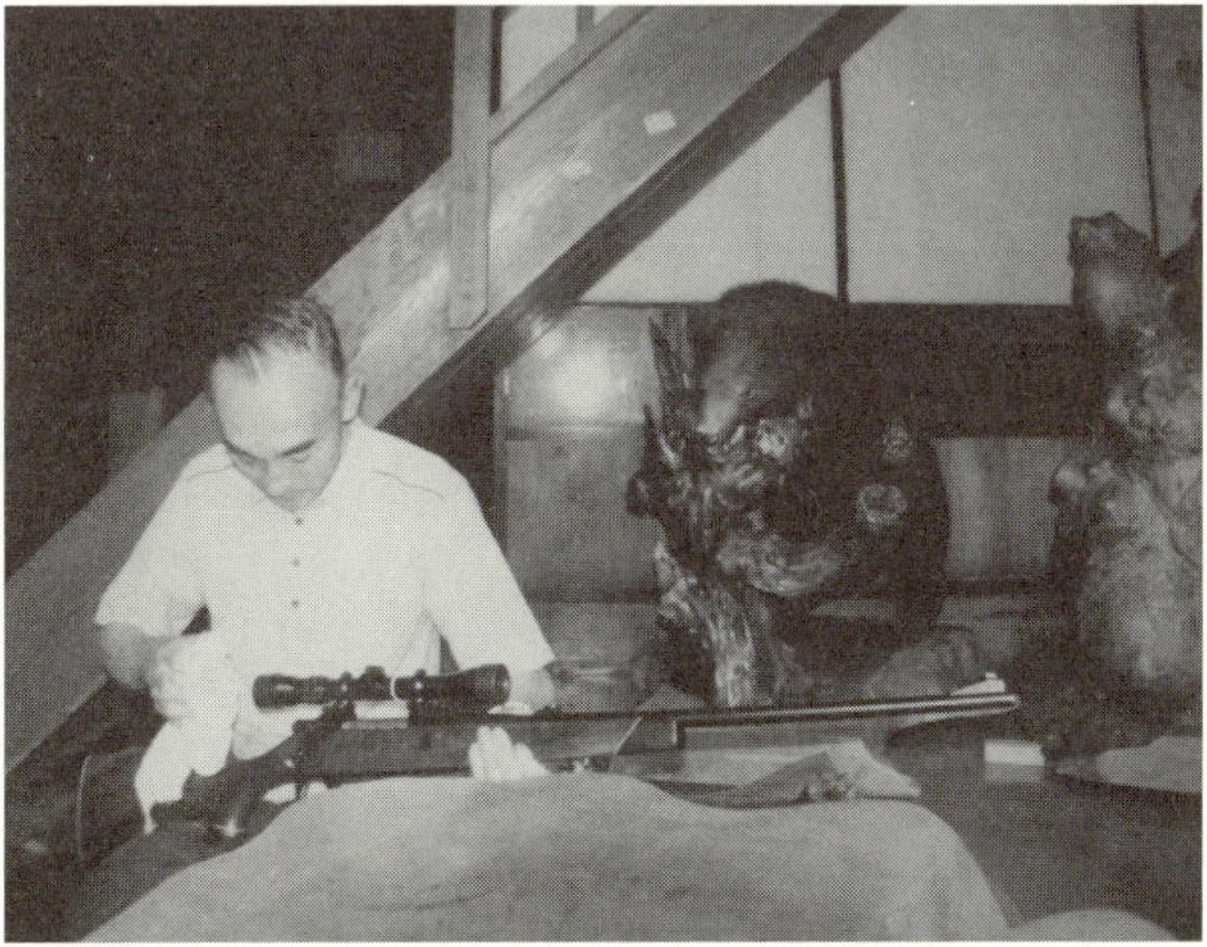

銃の手入れはマタギにとって重要な仕事である。
使用前後はもとより、猟期以外でも怠らない。

ように、五月に入って二、三日は雨になる日も見られた。山々に降り積もった雪が雨に解かされたからか、白一色だった山肌が薄い灰色を帯びはじめている。山の雪が消えるようになると、ぼつぼつ春猟も終わりにちかい。

天狗ノ又沢のあたりに熊が出ている、という情報が伝えられたのは、そんな雨模様の日であった。

「だば、この雨さ止めば、今年最終の春狩りさやる。みんなに伝えでけれ」

先輩マタギたちが判断を下したのは、この機会を逃せば、雪が解けすぎ、今年の熊狩りはたぶんもうできないだろうという思いがあったからにちがいない。

雪のない山で熊を見つけるのは経験のあるマタギにとっても容易ではなかった。草木が熊の姿をカモフラージュするためか、よほど注意していなければその動きに気がつかないし、雪がないために足跡がつかないから、追跡も困難になるのである。

この二、三日、雨が多くなっていることを考えると、雪解けは時間の問題で、熊狩りの条件が残されるのはこの何日かの間だと思われた。

糸を流すように静かに降っていた冷雨が止んだのは五月五日の夕方である。雨が止むのを待っていたように、その日の夜には、山入りを一明日の五月七日にすることが決まり、マタギ衆に伝えられた。

時幸は山入りの知らせを聞かされた夜、念入りに村田銃を手入れした。その銃は松橋の家に代々伝えられてきた銃で、年季が入って持ってみるとズシリとした貫禄が伝わってくるようであった。

まだ実猟で使ったことはなかったが、時幸は手入れしながら、ふと自分がその銃を使う日の姿を想像する。

アライヤという道具で銃口を掃除し、布で銃を磨く。その布は、葬式で死者がつけていた帷子《かたびら》で、マタギたちはイロと呼んでいた。集落で葬式があると、帷子はマタギたちに分けられるのである。

葬式は普通、忌事とされるが、マタギたちにとっては死が獲物を得ることに通じる縁起のいいものとされていたから、猟の道具である銃を磨くのは帷子でやるのが作法になっていたのであろう。

また、銃はナガサ同様、山入りする、しないにかかわらず、常に手入れしておくものだった。道具の手入れの良し悪しは、マタギとしての心がまえを問われるものでもあったのだ。

「明日は時幸も鉄砲さ持って行げ。ブッパの数さ足りねぐて、どもならねがらハ」

岩次郎がそれを告げに来たのは、五月七日の山入りの前夜であった。

「おらもブッパさやれるのが？」

ついに来た、との思いを呑み込みながら時幸が訊《き》く。

「ンだす。二十六人しが集まらねぐてハ、あせらず、しっがりと心しでかがれ」

岩次郎はそういってから、

「今年は明日で最終の猟になるど思うども、近ごろでは珍しぐ二十五頭獲れでるものな。明日は二頭入ってるで、獲れば二十七頭だ。熊さ、増えでンのかもしれねな」

久々に猟があった年に満足するように目を細めた。

だが、岩次郎が目を細めたのは、豊猟はもちろんだが、時幸がブッパにつけるまでに、マタギとして一人前に成長したという感慨からでもあった。

初マタギに連れていったのは四年前だったが、年々、時幸は比立内マタギとしての自覚を深めてきている。いや、四年前どころか、時幸が生まれたころからすれば二十年、岩次郎たちは時幸を一人前のマタギに育てようとしてきたが、時幸は着実に歩いてきている。二十年の間に、マタギの世界はもちろん、集落の生活様式も時代の波の中で大きく変わったのに、時幸はマタギとして逞しく成長しようとしている。

岩次郎や茂治でさえ、今の時代は昔とちがうと諦めてしまうこともあるのに、時幸はささいなことでも吸収しようとした。時幸には若い分だけ行動力も吸収力もあった。それはマタギの天性ではないかと、岩次郎はふと思うことがあった。時幸が初めてブッパにつくのは、岩次郎にとってもやはり感慨深いものがあった。

「時幸、しっがりやれ。楽しみにしてでる」

岩次郎が心の内の感慨を噛みしめるようにいうと、時幸はニコリと笑い、

「何だか今夜の岩次郎さんだばおがしいな。妙にしんみりしでハ！」

「そんだこどねッ！　あ、そンだ。明日は写真屋も山さ連れでぐ」

「写真屋？　ああ、カメラマンの中沢さんだか。あの人だば初マタギになるのでねがったか」

「ああ、初マタギだ。だども、明日は見学ちゅうとこだでハ」

岩次郎は他の組で猟に出ていた茂治と少しばかり猟の話をして、

「だば、明日はしっがりやってけれ」

といって帰っていった。

猟場へむかったのは翌日の早朝、まだ夜が明ける前であった。暗雲が空を蔽《おお》っているのか月明りも星の光もなく、闇のように真暗だった。

「初めで山さ連れでってもらいます。迷惑さかげねようにしますので、皆さんひどつ

よろしぐお願いします」

　猟に参加する全員が集ったところで、中沢があいさつした。中沢は別に写真屋をやっているわけではなかったが、写真が趣味で、いつでもカメラを吊りさげていたから、写真屋と呼ばれている男だった。

「中沢さん、きょうは写真機持って来《こ》ねがっただか」

　誰かが茶化すようにいい、

「いや、思ったども、迷惑かげるといげないど思ってハ」

中沢は照れたように頭をかき、どっと笑いがおこった。

「だば、行ぐぞ！」

　全員を引き緊めるように岩次郎がいい、先頭に立って歩き出した。

　雪解けと雨水でたっぷりと水分を含んだ残雪は夜の冷気で凍りつき、踏むとバリバリと氷を割るような音をたてた。全員が黙々と歩き、誰も口をきかなかった。

　知らず知らずのうちにいつもより早足になっているのは、いまにも降り出しそうな暗雲のためかもしれなかった。

　いつもなら集合場所の天狗ノ又沢の沢口に着くころにはすっかり夜が明けているところだったが、曇天のためか、まだ薄暗かった。だが、完全に明るくなるのを待つ余裕はなかった。雨が降ってくれれば、猟ができなくなってしまうからである。雨が降ると帳《とばり》のようになり、熊を追い逃がしにいくようなものだからである。

天狗ノ又沢の沢口に着くと、ほとんど休みもなく、それぞれが持ち場に走った。

時幸はその日の持ち場となった大深沢の尾根にむかって登りはじめた。大深沢は、集合場所の天狗ノ又沢から、さらに二つ奥にある沢で、比立内川に注ぐ本流の鍰内沢の最奥に属する沢である。

大深沢から尾根へむけて斜面を登る。ジャリジャリしたシャーベット状の雪が、足にからみついて、力が吸いとられてしまうように心もとない感覚である。

だが、時幸は足を早めた。額や頬に、霧のような雨滴が降りかかったからである。心配していた雨が、ついに降ちてきたのだ。

時幸の持ち場になっているヤコミツユキと枯松沢の中間の尾根まではあと数百メートルである。その距離を時幸はいっ気にかけ上った。

持ち場に着くと、呼吸を整えながらザックの中の雨具を出して着た。時幸は大木の下に寄り、その根元に潜むようにしてしゃがみ込んだ。鉄砲をしっかりと抱え、物音をたてないようにして、目は眼下の斜面を見渡す。眼下には晩春の汚れ雪が広がり、ところどころに雑木がのぞいているが、緊張を呼ぶような動きは、ない。ザラメ雪の斜面を洗うようなサーという音があたりを包み、それに乗って遠くで叫ぶ勢子の声が聞こえてくる。

天狗ノ又沢の沢口で分散してから、すでに数時間が過ぎていたが、何の変化もおきなかった。だが時幸は大木の根元に身を寄せたまま、自らが一本の木になったようにじっとして動かなかった。

全神経を緊張と集中の中に置き、ほんの少しの変化でも読みとろうとする。勢子の声から、その動きを予想し、熊が出る道を判断できるようになったのは勢子を続けてきた経験があるからだった。

霧のような冷雨が雨具を羽折った時幸に纏《まと》いつく。細かい粒子のように雨具に張りついた霧雨は、雨具の表面で一滴の雫《しずく》になり、やがて水の筋を作って地面に、おちる。いつの間にかその滴が、時幸のしゃがんだあたりのザラメ雪に無数の小穴をあけていた。しかし時幸はそんなことにも気がつかないように、一心に斜面を見渡している。その姿は山中に置かれた石像のように、静謐であった。

雨は小降りになりかけていたが、具合の悪いことに、ガスが出はじめていた。まずいことになったぞ、と時幸は胸の内で舌打ちした。しかし、動こうとしなかった。ガスは熊狩りでは大敵である。ガスのために熊を見失うのはもちろん、ブッパのいるところへ出てきても姿が隠されて、鉄砲が撃てないのである。

それは当然勢子たちにもわかっているにちがいないのだが、追い声はガスのむこうからますます近づいて聞こえてくる。

「ホーイ、ホリャ、ホリャ、ホリャ！」

「ホーリャ、ホイ、ホイ、ホイッ！」

そんな追い声のあと、

「ソラ、クマ、クラガッタ。ソッチの鉄砲、油断スナヨーッ！」

ムカイマッテの叫び声が聞こえた。ムカイマッテの叫びが終わったかどうかの瞬間、時幸の見おろしていた霧《ガス》の斜面に、颯《さっ》と動いたものがあった。時幸の体に、ビクンと緊張感がはしった。即座に鉄砲を頬づけした。が時幸は引き鉄を引かなかった。

時幸が見たのは、一頭のカモシカである。カモシカは渓《たに》のほうを、尾根と平行するように歩き、やがて向きを変えると、時幸のいるところとは反対の尾根にむけて斜面を登っていった。

熊が出るのは近いぞ、とは思ったが、状況は悪くなるばかりだった。カモシカが姿を消してすぐ、空には鉛色の暗雲が広がりはじめ、時幸のいる尾根から渓にも薄闇がたれ込めてきていた。雲は霧に加わって夕闇のようになり、数十メートルの視界もきかなくなっている。

時幸はもう少し下へおりていこうか、と一瞬思案したが、しかし、万一、熊が近くまできていれば、こちらの存在をかえって知らせることにしかならない。熊は、ほんのちょっとした動きでも変化を嗅ぎとり、逃げる道筋をかえてしまうのだ。

ここで待つしかない、と時幸が決めたそのとき、目も眩むような閃光が暗雲を裂いた。一瞬の稲妻が汚れ雪の斜面を照らし出す。と同時に、耳をつんざくほどの轟音が山々に響き渡る。

突然の気象の変わりようだった。あまりの激しい変わりように、時幸はふと山神様の熊隠しを想像したほどである。凄まじいばかりの春雷だった。

時幸は万一の落雷をさけるために、約一メートルばかり大木の根元から体を遠ざけた。木の真下にいるのは、かえって危険なのである。

雷は悪の牙をむき出しにしたように、幾つかの轟音を響かせたあと、落雷となって、消えた。

雷が遠ざかるにしたがって、あれほど厚くたれこめていた暗雲が、音もなく流れはじめ、みるみるうちに晴れ間が広がった。青空や陽差しこそなかったが、空は一変して明かるさを広げている。

その一瞬の晴れ間をつくように、時幸のいるところから数十メートル下の斜面を、黒い影のような塊が横切っていた。

「ソラ、クマ、尾根行ったぞォ、気をつけれーッ！」

ムカイマッテの声だった。その叫びを聞くまでもなく、熊だ、ということが時幸にはわかった。しかし、見た瞬間、時幸は、

「何だ、ノミみでなクマっ子だな」

と思った。

熊はさきほどカモシカがむこうの斜面に渡ったあたりで立ち止まり、高鼻を嗅いだ。そしてクルリと頭をこちらに向けると、時幸のいるほうの斜面を登る態勢をとった。頭を心もち下に下げて、駆け上がってきた。

熊が駆けはじめたとき、時幸は心臓が早鐘を打っているのがわかった。

「落ちづけ、できるだけ引きづけろ！」

　自分を叱咤し、気持を落ちつけようとした。熊が約十メートルほど手前まで来たとき、時幸は素迅く頬づけすると同時に、引き鉄を引いた。

村田銃の乾いた銃音が渓《たに》に谺《こだま》し、尾根を渡っていく。

その直後、熊はオァーンと叫び、右肩から血を流しながら、時幸をめがけてかかってきた。弾込めをして、頬づけしたときには三メートルほどまで熊が迫っていた。時幸は熊の眉間にピタリと銃を向け、引き鉄を引く。銃音と同時に叩きつけるような鈍い音がした。

熊の眉間から鮮血が飛び散り、両手で宙をかくような仕種を繰り返しながら、熊は音をたてて汚れ雪の上に転がった。

振り回す手の鋭い爪が見えたように思ったし、ガチガチと歯を嚙み合わす音が聞こえたようにも思った。撃ち獲ったという、確信のようなものを、時幸は感じとっていた。熊は倒れながら、オァーンと叫ぶ咆吼を引いていった。サジドレゴエとマタギたちが呼ぶ、熊の声であった。サジドレとはマタギ言葉で〝死〟という意味である。時幸の撃った熊はまちがいなくそのサジドレゴエを発し、ゴロゴロと斜面を転がっていた。

「ショウブ、ショウブゥ‼」

時幸は撃ち獲ったことを知らせる合図の声を大声で叫び、渓へむかって駆けおりた。熊が転がったところは、汚れ雪がえぐられたようになり、真白いザラメ雪の筋が続いている。その白い雪の上には、熊から流れ出た鮮血が渓へむけて点々とついていた。

熊は斜面の下の渓の近くで、体を横向きにした恰好で斃れていた。時幸は撃ち獲った熊を間近に見て、驚いた。つかの間の晴れ間の中で最初に発見したときは、ノミのような熊っ子に見えたが、今目の前に横たわっている熊は七十キロばかりはありそうな熊である。これほど大きいとは思いもしなかった。微かに体が顫《ふる》え、忘れていたように、ドッと汗が吹き出してくるのがわかった。

沢のほうから駆けてくる勢子たちの残雪を踏む足音が聞こえた。

時幸はすぐには熊に近寄らず、熊が完全に撃ち獲れているかどうかを調べるために、木枝を拾って熊をつついてみた。

熊は半ば口を開け、黄濁した牙の間からダラリと舌を垂れて、木枝でつついても動かなかった。

集ってきたマタギたちが熊を囲み、弾の入った位置や大きさを調べはじめた。弾は右肩からアバラへ向かって入り、眉間の弾が致命傷となったように思われた。

「十六、七貫ぐれでねかな。雄だべ」

先輩マタギが報告した。

「ンだどもまァ、よぐ獲れだな。暗ぐなっで雷さ鳴っだどきは、こりゃもう熊さ逃げるべと思ったどもな」

「ンだす。獲ってくれっていうように明がるくなっだもの、逃げでなければまるもうけと思ったども、まァよがった」

全員が口々に信じられないような天候の異変を話題にしたが、その表情には安堵の色が浮かんでいた。

「そンだら、早いとこ尾根さあげるべ。急いだほうがいいようだ」

再び暗雲が広がってきた空を見上げながら勢子長がいった。

それぞれが手分けして熊に綱《シナリ》を掛け、数人がかりで尾根に引きあげる。尾根に着くころには、案の定、ポツリ、ポツリと雨が落ちはじめ、上のほうから霧《ガス》がたれ込んできた。

「引きあげだァ！」

猟場にはもう一頭入っていることはわかっていたが、この状況ではとうてい猟を続けるのは無理であった。獲った熊の数が少ない年はともかく、今年はこの熊を入れて二十六頭を仕留めている。昔ならもっと多い年もあったのだが、近年では大猟のうちに入れてもいい捕獲数である。シカリの発した終了の声は今年の熊狩りの終了を告げる声でもあった。

天狗ノ又沢の沢口では、猟に参加した他のマタギたちも戻ってきていた。

「あれ、中沢さんさ見えねけど、どうした」

先に戻っていた先輩マタギの一人が、怪訝そうな顔をして訊いた。

そういわれれば、最終の猟に参加した者たちの中で、初マタギの見学に出た中沢だけが見えなかった。

「写真でも撮っでて遅れたんでないべか」

「だども、きょうは写真機さ持っでネがったぞ」

「ンだな……」

不安の空気が流れた。

「中沢さん、おらのとこさついてきたども、熊獲れだときおらは駆け出したから……。中沢さんもついてきでると思ったどもな」

猟場にはもう一頭の熊がいることに、ほぼまちがいはない。万一、中沢がその熊と出会えばどうなるか。それだけではない、春先に多い雪崩に巻き込まれでもすれば、ひとたまりもない。

「もう一度捜すべし。時幸さ連れで行げ！」

シカリがいい、時幸は中沢がついていった場所にむかった。

雨と雪解けのために、沢は増水しはじめていたから、ぐずぐずしてはいられなかった。

「オーイ、オーイ、中沢さーん！」

声を限りに叫ぶ。声は虚しくなるほど、何の反応もなく、呼べど叫べど雪の斜面に消えていくだけであった。

今度は沢におりて捜そうとして、もう一度大声で叫んだとき、時幸は大木の影でチラリと動く影を視野の端に見た。熊か⁉　一瞬、緊張し、無意識に身構え、腰のナガサに手をやっていた。

「おお、ここにいるっす。熊さ、獲れたですか……」

大木の傍から首を出したのは、捜していた張本人の中沢だった。

「中沢さん……」

ホッとするやら呆れ返るやらで、時幸は笑い出しそうであった。

「どうしでこんなどこさいただか」

「どうしでって……ここにじっとしてれっていわれていたものでハ、勝手に動くと、熊さ気づいて逃げるからハ」

「話さあとでいいべ。急がねど、沢さ渡れねぐなるべ」

時幸と一緒に捜索に出た同僚マタギがいい、三人は急ぎ足で尾根を下った。

天狗ノ又沢が近づくにしたがって渓のほうから増水した沢水が流れる音が聞こえてくる。ドーッと唸るような流水音は、相当増水しているにちがいなかった。

中沢を連れ戻ると、一服する暇もなく、沢を渡らなければならなかった。

天狗ノ又沢と鍰内沢が合流するところはプールかと思えるほどの大きな淵を作り、激流と激流がぶつかりあって、真中あたりで渦を作っている。

マタギたちは中沢の無事を喜ぶことも話をきくことも忘れたように、緊張を露わにして沢を渡りはじめた。

激流に流されながら、最初のマタギが苦労して向こう岸に渡りついた。二番目のマタギが、安全を図るために、初心者の中沢を伴って渡りはじめた。中沢は緊張と恐怖に体を固くし、必死の形相が浮かんでいる。半ばまで渡り、次の一歩を踏み出しかけたとき、中沢の体のバランスが崩れた。そのあおりで、先を歩きながら先導していたマタギもバランスを失い、ドッと激流にのみ込まれた。

誰かの綱《シナリ》が宙を飛び、激流の中におちる。五メートルから七メートルの数本の綱がほとんど同時にとび、中沢とマタギが夢中で摑んだ。

危機一髪のところで中沢を引きあげ、一緒に流されかけたマタギは自力で、何とか対岸にたどりついていた。

「だめだ。中沢さんさ、これじゃ渡れねがら天狗ノ又の上の尾根さ出で、巻いて来ねばどもならねでハ」

増水は分単位どころか、こうしているうちにも激しくなり、いかにマタギとて渡れそうもなくなってきた。残された者たちは中沢を伴って沢を離れ、天狗ノ又沢を巻くために、尾根へむかって歩きはじめた。鍰内沢沿いの山道にたどり着き、全員の無事が確かめられたのは約二時間以上たってからのことであった。

撃ち獲った熊は手肢を綱で縛り、数人がかわるがわる里へ引いていくことになった。思わぬハプニングに、全員が疲弊していたが、最終の猟で獲物があったことと、ともかく全員が無事だったことで、表情は明るかった。

時幸は雨滴のおちる汚れ雪の山道を歩きながら、頬づけして引き鉄を引いた瞬間を思いうかべていた。

「クマさ撃《ぶ》つどきは、クマの毛の数万本の中の一本を狙う気持で撃て」

かつて、岩次郎がいっていたのを思い出したからである。撃つ瞬間も、引き鉄を引いた瞬間も、その言葉は頭にうかばず、ただ撃つことだけに一所懸命だった。たまたま時幸の撃った弾は熊に命中したが、次の機会に、そんなふうにうまくいくか、どうか。

急所を狙って撃つ。それはプロとして当然のことだったが、岩次郎のいった本当の意味は、ほかにあるのではないか、と考えたのである。

沢から登ってくる熊は、山肌から十五センチ上の熊の毛の一本を狙え、とも教えられたように憶えている。クマの毛の数万本の中の一本を撃つのが、マタギに伝えられた真髄だとも……。

道中で考えたことを、時幸は夜になってから岩次郎にぶつけてみた。

「岩次郎さんに教えてもらったことだば、撃づどきは考えもしねがった。まぐれだとは思わねども、数万本の中の一本さ狙ってでもいいねがった……」

いうと岩次郎はちょっと考えてから、

「そんだこと考えながら撃つ者もいねし、本当に毛の一本を狙う者もいねのハ。だども、それほどの気持で撃つのがマタギだということだ」

数万本の毛の一本を撃てる技術にとらわれていた時幸は、岩次郎の言葉にハッと炯《ひら》かれるものがあった。マタギはどんなに時代が変わろうと、狩猟の世界に生きる民族である。それは、ただ鉄砲を撃って、当たればいいという世界とは全くといっていいほどにちがう。マタギは狩猟の民として、数万本の中の一本の毛が見えるぐらいに神経を集中させる心の強さを持たなければならない。それが安全にもつながる。

時幸が岩次郎のいった言葉の意味はそんなことだったのではないかと考えるようになったのは、岩次郎が脳溢血で倒れ、現役を引退して後になってからであった。

第三章

渓には猟だけでなく、四季を通じて入る。
渓に精通することがマタギの優秀さをも決める。

一　寒マタギ

地質学者の大沢が、比立内《ひたちない》の松橋旅館に投宿したのは、昭和二十年代も終わりにちかい年の六月下旬のことであった。地質学を専攻する大沢は、神奈川県地質調査所から、阿仁地方の地質調査を依頼され、はるばると東京からこの山深い集落にやってきたのである。

大沢は庭の池の畔に坐り、連れてきた学生たちと雑談していたようだったが、帰宅した時幸を見つけると、丸顔に温和な微笑をうかべて、軽く辞儀をした。学生たちもいっせいに振り返り、それぞれに頭をさげる。

大沢がくる話は数日前に、スミから聞かされていたから、顔を合わしたときに、この人が先生だな、ということはすぐにピンときた。時幸は大学の先生と聞いたとき、神経質で痩躯《そうく》の男を想像したものだが、目の前にいる大沢は中肉中背、丸顔には温和な微笑がうかんでいて、およそイメージとは違って見えた。

「時幸さん、ですか?」

大沢がいいながら、池の畔を立って、時幸のほうへ歩いてきた。

「はい、松橋時幸です」

「お家の方には先日、お願いしておいたのですが、案内のほう、ひとつ迷惑をかけますがよろしく頼みますね」

時幸は大沢の言葉に何やら爽やかな印象を受けながら、無言で頷いた。

「ここにいる諸君も時幸さんとは同じぐらいの年の者ですから、迷惑をかけるようなことがあれば、ビシビシ叱ってやってください」

大沢がいうと、

「先生、そりゃないですよ。山馴れた人とオレたちを同じにされちゃ、かなわないです」

「そうだよナ。講義をずる休みしてでも、山歩きの訓練しておいたほうがよかったかもしれないぞ」

剽軽《ひょうきん》そうな学生がいうと、ドッと笑いがおこり、時幸もなごやかな雰囲気に引き込まれて笑いをこぼした。

「ところで、この山、熊がいるんでしょう」

「熊だば、このあたりの山ならどこにでもいるだども、熊さ見たいんですか」

時幸がいうと、剽軽学生は大袈裟に両手をふり、

「め、めっそうもない。できるだけ会いたくないよ。マタギの人に護衛をお願いしたほうがいいんじゃないですか」

「ちょっと、ちょっと、時幸さんも現役のマタギだぞ。彼に身をまかせることが最良の道だよ」

大沢がいって時幸を見た。

「今はイチゴ落しにかかるころだども、まずあなたがたが思うほどのことはないと思うどもな」

全員がわかったのかわからないのか、何とも頼りなさそうではありながら、それでも納得したように頷いた。

イチゴ落しというのは熊の子分かれの時期のことである。普通、熊は二度の冬眠を母熊と過ごし、その夏に親熊と分かれる。春に生まれた仔熊をワカゴ、明け二歳の仔熊をウゴエというが、ワカゴを連れ歩く母熊は発情しないので危険はないが、ウゴエ時期の母熊は発情するため、危険度が高い、という。

子分かれの時期はネマガリタケから野イチゴを食べ出す時期とされているが、折し

もこの季節は熊の交尾期でもあるのだ。一頭のメス熊がいれば、そのまわりには必ず数頭のオス熊がいるといわれるが、交尾期には一頭のメスをめぐって凄絶な格闘がまきおこる。敗者は文句なしに勝者のテリトリーから追われる完璧な力の世界である。追われたオス熊は当然、納得して追われたわけではないから、内心イライラと欲求不満《ストレス》の渦を巻き、誰彼なく当たりちらす。もちろん人間とて例外ではないが、力では熊のほうが数段勝っているから人間はひとたまりもない。

時幸がそんな説明をしてやると、全員が怖気づいたような表情をうかべながらも、やっと納得したように頷きあっている。

「しかしまァ、お手やわらかに願いたいものだな」

「いやいや、だいじょうぶですよ。ほとんどの場合、クマのほうが先に気づいて逃げてくれますから」

調査は約二週間の予定で翌日から始まったが、熊に出会うこともなく、順調に進んでいた。

大沢は調査を進めるにしたがって、時幸のカンの鋭さと、記憶の正しさ、それに調査手順の正確さに、内心舌を巻いていた。教えたことをまちがいなくキチンとこなすのはもちろん、鉱脈の見分けや地質の分類など、よほど地質学に興味があるのか、あるいはどこかで地質学をかじったことがあるのではないかと思ったほどである。何日か歩くうちに、時幸は案内役《ガイド》と同時に助手のようなことも手伝うようになっていた。

その日は、大覚野峠の途中にある兵治沢に行くことになっていた。西木村との村境近くを源流部とする兵治沢は、自然林に囲まれた美しい沢であった。現在でいえば兵治沢と合流する繫沢《つなぎ》に沿った国道一〇五号線のアーチ式トンネルのあるあたりが兵治沢である。

この国道一〇五号線、地図の上には桧木内から角館方面へ通じる国道として記されていたが、当時、実際には兵治沢から桧木内までの間は未着手、未開通のままであったため、〝幻の国道〟と呼ばれていた。国道が全通したのはそれから十数年後の昭和四十年後半のことであった。

当時のメイン歩道は昔ながらの大覚野街道であったが、この兵治沢まで地道ながら車も通れるほどの道路を作ったのは、金の掘り出しという目的があったからである。

石川県加賀市の東野喜三郎が、兵治沢の金鉱採掘の権利を取得したのは、戦前、昭和十六、七年ごろのことである。喜三郎は試掘のかたわら、金鉱石はもちろん採掘の資材、人員の運搬などを考え、比立内から兵治沢まで通じる道路を作ったのである。

しかし、試掘の結果は、評判ほど有望な金山でもなく、採算も合わないと判断したのか終戦後、他企業に権利を譲った。譲り受けた企業も、しばらくは試掘したようだが、本格的な採掘に着手されることなく、廃鉱となっていたのである。

「時幸クン、地質学は面白いですか。興味ありますか？」

兵治沢にむかう自然林の下を歩きながら、大沢が訊く。大沢は何日か時幸と歩くうちに時幸の聡明さと誠実な人柄に親しみを覚え、クンづけで呼ぶようになっていた。

「ああ、先生、面白いですよ。石のことや地質のことなんか、今まで考えたこともなかったから」

「そう……時幸クン、秋田大学に進んで、本格的に地質学を勉強してみたらどうだい。君ならきっとやれると思うんだけどね」

「そうですね。そうできればいいだども」

時幸も内心、ふとそんなことを考えることはあった。経済的にも決して不可能ではなかった。

だが、いくら考えても、行きつくところはオレは比立内マタギなんだ、という強い気持があることも否定できない。それは自負心といったようなものではなく、もっと強い、生まれながらに授けられた運命《さだめ》、あるいは〝血〟といってもよかった。

現実のことでいえば、田畑の仕事も放り出すわけにはいかない。時幸はここ二、三年まえから、一人で田畑の仕事をきり回すようになっていたから、時幸が出ていけば、田畑は荒れるしかない。二人の弟と二人の妹がいたが、彼らは何れ、比立内を離れ、街で働く者たちである。現に男三人兄弟の中で、マタギ衆として山入りしているのは時幸だけであった。

大沢は時幸を秋田大学へ進めたいようであったが、決して無理強いはしなかった。育った環境はちがっても、時幸の背負った事情や運命が、ふと理解できたからかもしれない。

「でもキミは幸せかもしれないよ。胸を張って生きていけるものがある。マタギとして生きていくのは、キミの主張だし、そうして生きていけるのはマタギという狩猟の民の誇りでもあるんだから。今の世の中でそんな堂々とした生き方のできる者が、どれほどいるか……。ボクなんかからすると、羨《うらや》ましいぐらいだよ」

大沢はそれ以後数年の間、毎年比立内にやってきたが、年々、そんな思いを深めていくようであった。

「あっ、ウサギだ！」

学生の一人が叫んだ。薄茶色い野ウサギが明るい樹林の下をはねていた。野ウサギは雪の来るころには、毛色を白色に変える。その季節になると、マタギの里は寒マタギの季節に入る。

時幸は叔父の金蔵から、

「今年は時幸も寒マタギさやってみれ。おらハ山さ行ぐどぎ連れでぐがら」

と誘われていたのをふと思い出した。

「時幸さん、ウサギはどうやって獲るんですか」

同世代の学生が訊く。

「昔のマタギだばワラダという道具使ったども、今は鉄砲だな。ワラダでやってるのは、遠藤さんていう人ぐらいだな」

ワラダというのはワラで編んだ円盤状の猟具である。投げると鷹の羽音がする。雪の山中でウサギを見つけ、これを投げると、ウサギは鷹の襲来とまちがい、雪の中にもぐる。もぐったところを獲るのである。

そのワラダも、もうほとんど使う者がいなくなり、もっぱらウサギ狩りは鉄砲を使う時代になっていた。

「先生、ここさ降りるがら。危ないでハ、ロープおろしますがら」

ワラダはウサギを獲るマタギの猟具。
藁で編んであり、投げると鷹の羽音に似た音がして兎が動きを止める。

十数メートルの断崖がきり立っている。崖面には小さな樹々が、へばりつくようにして生え、崖底からは水の流れる音がきこえてくる。

時幸は先頭に立って下りながら、途中でナガサを抜いて、次に下る大沢が降りやすいように、枝を切りはらってルートを作る。

時幸と大沢が崖底におりると、

「だいじょうぶですかァ、無事に到着しましたかァ……」

上で待機している学生たちが叫んだ。崖下には、叢《くさむら》に蔽われてはいるが、人が体を縮めて入れるぐらいの洞が点々とあった。

「ほう、これは坑道の跡だね……」

大沢が感心したように呟く。時幸は腹這うようにして狭い坑道にもぐりこみ、破砕用の金槌で坑内の岩石を採り出した。

「先生、これ、金の鉱脈でないですか」

拳大の岩石には、薄赤色の筋が走り、ところどころに、金粉を散りばめたようなものが散っている。

「ああ、そうだね。金粉は黄鉄鉱だけど、この赤色の脈は金だね。含有量は調べてみないと分からないが、しかし、金山として成り立たなかったのは、それほど有望じゃなかったからだろうな」

　崖下の坑道跡で調査用の岩石を採取し、学生たちの待つところへ戻る途中、小さな沢を渡りながら、大沢が素頓狂な声をあげた。

「ヒャー、時幸クン、今、ボクの足元を何やら丸太棒のように大きい黒いものが通ったんだけど、あれは何だ⁉」

　時幸は大沢の驚きようが面白く、笑いながら、

「イワナですよ、先生。ホラホラ、あそこなんか黒くなって群れでる」

　時幸が指をさした小さな淵の中には、五十センチはありそうな丸々と肥ったイワナが十本ばかり群れていた。

「よし、今夜はみんなにイワナでもごちそうしますヨ」

　時幸はいうと、淵の下手に回り、あっという間に何本かの大イワナを手摑みしてしまった。もちろん学生たちも大喜びである。

「じゃ、きょうの調査はこれで終わりだ。ちょっと早いけど、イワナをごちそうになろうじゃないか」

　学生たちの喚声があがり、その日の夕食はイワナを中心に、山菜の宴となった。

その年の調査が終わり、大沢たちが帰っていくと、松橋旅館はまた静けさを取り戻したが、時幸にはホッとしている時間はなかった。

稲の刈り入れや畑仕事、それに秋はトビタケに始まってマイタケ、ナメコ、キクラゲなど、キノコ採りも重要な仕事であった。

やっと一段落できるのは正月過ぎのほんのわずかな時期だけである。しかし、それも、毎日、雪おろしという仕事を欠かすことができないから、一日中ノンビリできる日など、ほとんどないといってもよかった。

叔父の金蔵がフラリとやってきたのは、そんなある日のことだった。

雪おろしをしていた時幸が手を休め、額の汗を拭ったとき、軒下に金蔵の姿が見えた。金蔵は山に入る身装《みな》りをしていた。金蔵は営林署の仕事をしていたから、冬期造林にでも出るのかと思ったが、しかし、それにしては時期がずれている。

「時幸ィ、山さ行ぐがら、作業さ終っだら仕度《しだぐ》しで来い。ウサギの有害駆除出だんだ」

金蔵が軒下から大声で叫んだ。金蔵は時幸を寒マタギにさそいに来たのである。

寒マタギというのは一月から三月ごろまでに行う猟である。熊は冬眠に入っている季節だから、獲物は主にウサギやテン。しかし、この季節は里でも山でも、最も寒の厳しい季節で、山を歩くのは並たいていの苦労ではなかった。

比立内マタギの間では、昔から、寒マタギができなければ熊狩りには歩けないといわれるほどで、小獣の猟はもちろん、熊狩りのトレーニングであると同時に、試練でもあったのである。

時幸が屋根からおりていくと、金蔵の他に茂治もいたし、一歳年上の春日明男の顔も見えた。それから数人のマタギが加わり、出かけたのは八時過ぎであった。

里では珍しく好天であったが、山へ入ると厳しい寒風が吹いていた。防寒着を纏《まと》っている体や足元はまだしも、寒風にさらしたままの耳や鼻は、ちぎりとられるように、痛い。

その感覚は雪の斜面を上にいけばいくほど強くなってくる。耳も鼻も紫色に変色し、強くひねりでもしなければ感覚がなかった。

深い雪に蔽《おお》われた山の斜面は、カンジキをはいていてもズボリと埋まり、遅々として前へ進まず、山馴れたマタギでも難渋するのである。

最も辛いのは先頭を行くマタギで、深雪をラッセルしながら歩くので一番疲れた。十五分も歩けば疲労が嵩まる。そこで、選手交替となるのだが、それもまた十五分もすれば行き止まる。

こうして何人もが交替しながらラッセルを繰り返し、一千メートル級の山の頂に着いたのは、登りはじめて四時間以上たってからだった。

こんなところにまで苦労して登ってきたのは、そのあたりにウサギが集るからである。一月下旬から二月上旬にかけて、ウサギはそのあたりで〝集団見合い〟をするのである。マタギたちはこれをウサギの寒立ちといったが、その場にたどり着き、猟をするのはある意味では熊狩り以上に労力のいることであった。

登るにしたがって、雪の上にウサギの足跡が見えてきた。後肢を先に着地して走るウサギ独特の足跡である。

「いるぞ、きょうは。何羽もいるべや」

金蔵が荒い息をしながらいった。ウサギの足跡は雪面のあちらこちらにつき、山の頂をめざしていた。

六、七百メートルの峰に着いたとき、

「ではひと息入れて始めるべし」

参加した中では年輩の茂治がいった。しかし、ひと息いれるといっても、ゆっくり休むわけではない。せいぜい汗を拭くばかりの寸暇がひと息である。動かないでいると、体が冷え、風邪をひいたりするからだ。

勢子《せこ》は狭い歩幅で斜面を下り、階段状の道を作っていく。後の者が下りやすいように、そして、猟があったときに、迅速に動けるようにである。そのやり方は、熊狩り同様、マタギの猟が集団の猟であり、全体を考えて行動するものであることを顕著にあらわしていた。

もちろん、一人、二人でやる忍び猟というものもあったが、それはまた別種の猟の形態といってもいいだろう。

持ち場に散った勢子たちが、寒風を吹きとばすように追い声をあげはじめた。最初のウサギがとび出したのは、その直後だった。野ウサギの特長である耳先と目だけが黒く、全身を純白の毛に蔽われた冬毛のウサギが、斜面を横切る。

「いだッ！」

数十メートルおきに間隔をとったブッパの一人が叫び、銃を放つ。その一羽を皮切りにしたように、ウサギは斜面のあちらこちらからとび出してくる。時幸のところにも目の前を横切ったり、斜面を駆け下ったり、忙しいぐらいにウサギが姿を見せた。

ウサギの姿を見つけると、その動きに合わせて銃を移動し、狙いをつける。銃をかまえながら、岩次郎の話していた久野の名人のことなどがふと脳裡を掠《かす》める。

いつだったか、岩次郎は、

「ウサギ撃ちとして一人前になるには、弾一升も弾たねばなンねのハ」

といったことがある。弾一升といえば、ウサギ猟に使うビー玉ぐらいの大きさの二十四番の弾にして約五百発ほどだろうか。二十四番を五百発というのは相当に撃ち応えがあるのだが、岩次郎はそれぐらい練習しないと上達しないと教えたのである。

中学のころから空気銃を使っていたからか時幸の銃さばき、カンは冴えわたっていた。頬づけの速さと、射撃の正確さは、参加していた先輩マタギを凌ぐようなところも感じさせた。

頭上の空を雲が流れ、猫の目のように光彩を変える。眩しいほどの陽光が出たと思うと厚い雪雲が広がって濃灰色の雪原に変わる。時には一瞬にして暗雲がたれ込め、三メートル先も見えなくなることさえあった。

それでも猟に出たマタギたちは、それまでの難渋も吹きとんだように野ウサギを追い、獲った。

三時過ぎに猟が終わり、数えてみると、収穫は四十羽。

「まンず、まンずだな」

金蔵はいったが、当時としては多くも少なくもない。一度の猟としてはごく平均的な数であった。

「ンだば、きょうは若《わけ》ひともいるでハ、試射さやってみるべ」

マタギの一人が降り積もった雪を摑みとり、握り固めてボールを作る。

「この雪玉さ投げっから、撃で」

そういうと、斜面の下へむけて転がした。小さな雪玉は転がりながら雪面の雪を集めてどんどん大きくなっていく。途中で止まらないのは、それだけ斜面が急であるからだろう。

適当な大きさになったところで、狙いを定めて、撃つ。うまくあたれば雪玉は一瞬にして飛散し、雪片を散らしたあとは何も残っていない。

五百発は撃たなかったが、まずまずの寒マタギの猟を終わって、里に帰るマタギたちの表情は明るかった。


忍び猟は集団で行う巻き狩りとはまたちがった醍醐味のある猟だった。

二月の末、時幸が忍び猟に出かけたのは、里近くの小割沢あたりで、ウサギの足跡を何度も見ていたからである。

寒気は厳しかったが、一点の汚れすらない新雪の上を歩くのは気持よかった。カンジキをはいた足が新雪を踏むたびに、ギュッギュッと軋むような音をたてる。

ウサギの足跡はほどなく見つかった。その足跡は、里に近い緩やかな山の斜面を横切るように、斜め上に向かってついている。それほど時間がたっていないのか、ちょっと見ただけでも、新しい足跡であることがわかる。

時幸は念のために、銃を肩から外しやすい位置にずらし、再び足跡を追った。ウサギは追いはじめて二十分もしないうちに視野に入り、獲れた。だが、もう一羽、別の足跡があるのを、時幸は見逃さなかった。

「ははァ、まだいるだな」

時幸は表情を緩めて呟くと、獲った一羽を背負って、ウサギの足跡を追いはじめた。足跡はあるときは短く、またあるときは翔びはねたように長く、さまざまな間隔を作って、尾根へ向かっていた。

里に近い山だったから、五十メートルばかり登ると尾根に出た。ウサギの足跡は、いったん尾根に出ると、今度は下りにかかっていた。

「何だ、下さいっだか……」

時幸はそう判断し、ウサギの逃走経路をたしかめようと、尾根の傍に踏み出した。ギュッと新雪が鳴ったようであった。が、その瞬間、踏み出した足が雪に引き込まれるような感覚があり、体のバランスを失うと同時に、時幸の体がフワリと宙に浮いたのである。

「しまった！」

と思ったときには、足、尻、背中に鈍い衝撃があった。頭の上から、バラバラと雪片が舞いおちてくる。

痛さをがまんして見上げると、四メートルばかり上のほうがザックリと穴をあけ、どろんとした雪雲が垣間見えた。

「アイダダ……」

どうやら時幸は雪庇を踏み抜いてしまったらしい。峰の雪庇をマタギ言葉ではマブというが、これを踏み抜くと、時には命にかかわることもあるほど危険だった。マタギだけに限らず、冬山登山でも雪庇は山での最危険場所といってもよく、事実、冬山遭難の原因になることも多かった。

雪庇を踏み抜きながらも、四メートルほどのところで止まった時幸は幸運であった。

「さて、これをどうやって上るか……」

痛みがおさまったところで時幸は思案した。四面は雪カベで、摑まる木枝もなく、また雪ベラのように、雪を掘る道具もない。だが、時幸はふと名案を思いついた。

立ちあがると、腰につけていたナガサを抜き、雪壁に突きさしたのである。そして、えぐるようにして雪壁を削り、足をかける場所を作り、雪と格闘しながら尾根まで這いあがることに成功した。

ホッとひと息ついたが、ウサギの足跡を見ると、またムラムラと追い心がわいてくる。まだ陽も高い時間だったから、時幸は迷わずにウサギを追うことにした。

ウサギは尾根を巻くようにして斜面を下り、森のほうへむかっていた。森といっても、地面は厚い積雪に蔽われ、その雪より高い樹木が雪上にまばらに立っている見通しのいい場所である。

時幸は樹木の数十メートルむこうを駆けるウサギを発見し、狙いをつけようとした。が数本の立木がそれをさえぎるようにして前方にある。

「困ったぞ」

と思いながらも銃をかまえる。いま撃たなければ、ウサギはますます雪深く、立木の多い雑木林に逃げ込んでしまう。そうなると一人で追うのはやっかいであった。

時幸は決断したように引き鉄を引いた。乾いた銃声が雪に吸収され、木の枝から、バラバラと雪の粉が舞いおちた。ウサギは一瞬数十センチばかり飛びあがったが、その場に斃れず、走り続けた。立木が邪魔になって、ほんの少し急所をずれたらしい。深い雪をかきわけるようにして、走る。前方に銃弾の入ったウサギが駆ける。

「ヨシ！」

小さく叫んで銃をかまえた瞬間、ウサギは一本の木の影に隠れた。

しまった……思って木のところまで駆けていくと、足跡はそこでフッツリと消え、幹のすぐ傍《そば》の穴に、吸い込まれるようにとだえていた。穴はウサギ一羽が逃げ込むにはちょうど具合がよさそうな大きさである。

「ははァ、ここさ入《へ》っだな」

時幸は近くにあった木枝を拾って、器用にナガサを使って雪ベラを作り、穴を掘りはじめた。

一メートル、二メートル……穴は想像以上に深く、篠竹や小木、木の根などを骨にして奥へ続いていた。時幸が撃ち獲ったウサギを見つけたのは結局四メートルも掘ってからで、穴の行きどまりになっているところであった。

その日のウサギ猟はまるで雪穴掘りのようなかっこうであった。

だが、たかがウサギとはいえ、特に忍び猟のときなどは簡単に獲れるほうが稀なぐらいでウサギに翻弄されることもしばしばだったのである。

映画館はもちろん、小さな芝居小屋さえない比立内の集落であったが、それでも週に一度は米内沢《よないざわ》や阿仁合《あにあい》から興業師がやってきて催しを開いていた。催しは主に映画が多かったが、その他にも郷土芸能や芝居を上演していたのである。

他に娯楽らしい娯楽のない集落の人たちにとっては、集会所で開かれる映画会や芝居はふと都会の香りを運んでくる異世界を味わえる場であり、わざわざ隣村からやってくる物好きもいるほどだった。

興業で得る収入は時幸たちが活動していた青年会の貴重な活動資金稼ぎの場にもなっていた。興業の手伝いなど、勤労奉仕で得る何がしかのアルバイト料で、青年会活動の資金を捻出したのである。

もっとも青年会とはいっても、人口の少ない集落のことゆえ、二十代の者ばかりで構成するには人員不足だったから、青年会の構成員は二十代から四十代までと、幅広いものであった。

興業師や映画技師は上演場所の集会所が時幸の家の裏ということもあって、松橋旅館に投宿していた。

時幸は米内沢から来た映画技師が集落にやってきた最初の日から、助手を頼まれたのである。

「切符さもいで、映画さ始まっだら、スクリーンさ見でればいいんだがら。おらのところから人を連れでくるのも大変だし、マ、人件費の節約というところで、ひとつ協力をたのみますよ」

若い映画技師は人のよさそうな笑顔を浮かべながら、半ば強引に助手の役を時幸に押しつけてしまった。

「ほんどに映画さ見でもいいだか？」

時幸が念を押すように訊くと、

「ああ、いいとも。仕事さえちゃんとやってれば、なんぼでも見ればいいべしゃ」

そんなことから始めた映画の手伝いは、三十歳になるころまで続けることになる。

集会所を俄《にわか》映画館に仕立てた上映会は、毎週、好評だったが、中でも『君の名は』がかかったときは、この小さな集落のどこにこれほどの住人がいたのかと思えるほどの大入りだった。

人々は上映前から集会所にやってきて、どこで仕入れたのか、聞きかじりの映画の評判話や噂話を囁《ささや》きあい、幕あきを待つ。いよいよ映画が始まると、モノクロームのスクリーンから流れ出る、戦後の大都会で繰り広げられる男と女の哀しき恋物語に、まばたきするのも忘れたように画面に見入っている。

経済白書では、もはや戦後ではないとうたわれた時代の復興の影をどこかに見せながら進んでいくドラマの中に、人々は屏風のように立ちふさがる山の彼方のロマンの世界を重ね合わせる。悪魔的、耽美的、頽廃的な匂いをかぎとりながらも、人々は集落にはないモダニズムの世界に魅了されているようであった。

人々は映画が終わると、自らが、もはや戦後ではない時代の大都会に生きる一人のような表情をして、深い吐息をもらしながら家路を急ぐのであった。

時幸もそのドラマの中に、青春の思いを刺激されるところがあったが、しかし、もっと強烈な印象を残したのは、本編の前に流れるニュース映画だった。

画面に映し出されていたのは、一頭の巨大な白熊だった。それは、東京でも日本でもなく、外国の、アラスカの氷の海で生きる野生の白熊である。画面の中を堂々と歩く巨熊の姿が、経験は浅いながらも、マタギとしての、あるいはブッパとしての闘争心を鋭く刺激してくる。

日本人によく似たエスキモーの男たちが、熊を追っているのも、遠い世界の話とは思えなかった。しかも、熊の住む土地に生きる人間として共通の、生きることは自然との闘いであるという不文律の掟《おきて》も同じである。アラスカにしろ比立内にしろ、山々に棲息する熊は、決して動物園で曲芸を見せてくれる愛嬌者のペットではなく、強大な力を秘めた野生なのである。

現実にできるかどうかは別にして、時幸は青春の思いの中に、白熊との闘いの一ページを加えていたのである。

映画が終わると、時幸は夢の中に浸っている暇もなく、缶に収めたフィルムを持って九キロ隣の打当まで走る。『君の名は』は何しろ何処でもひっぱりだこで、一日、何カ所もかけ持ちになるほどの人気映画だったのである。それは、この山深い集落にも、戦後ではなくなろうとする時代の波が、入ろうとしている姿でもあった。

山に木の実がつきはじめ、紅葉がはじまると、時幸は秋の熊狩りのことを考えることが多くなった。脳溢血で倒れるまでは、この季節になると、岩次郎が熊狩りの相談かたがたやってきては興味ある話をしていくところであったが、岩次郎の容態は芳しくなく、話すことはもちろん意識さえ渾沌とすることが多くなっているようであった。

先日、初雪を見て以来、ほとんど雪の降り熄《や》む日がなく、山はもちろん里でも急速に白一色の世界に景色は変わっていた。その年は熊の穴入りも早かったのか、秋猟は思ったほどの猟もないまま終わっていた。

東北電力の小島吉郎が松橋旅館に投宿したのは、そんな年が明けて、もう少しすれば春の熊狩りが始まろうとする三月中旬のことだった。

小島は時幸や茂治が比立内マタギであることを知って投宿したわけではなかったが、自分も鉄砲を持つハンターであったために、猟のことになるとつい身を乗り出してしまう。

小島は仕事の関係上、山に入る機会も多いらしく、話の様子からは山馴れた人物であることが察しられた。それに、街のハンターによくありがちな自慢風を吹かせる〝天狗〟の感じがなく、自分より年少の時幸をたてる謙虚さも見せる好感のもてる男であった。

しかし、その小島が猟に連れていってほしいといいだしたときには、正直なところ、時幸は困惑してしまった。日常の雑談からは、小島の鉄砲歴や猟の経験をうかがいとることはできたが、それが実際の猟ではどうなのかまったくわからない。それに、時幸もまだ比立内マタギとしては若手であり、人を連れて歩くほどの完璧な自信がなかった。

「だども、熊さ獲る春猟はまだだしな……」

時幸がいうと、

「なんも。熊さ獲りに行がなぐてもいい。そりゃ熊だばいちばんだども、おらはハ、兄さんがウサギ獲りに行ぐとぎに願えればいいのでや」

小島は熱心だった。

「ンだか……もうそろそろ、今年のウサギ猟も終わりだし、なら、行ってみますか」

「ありがてな。何でもいうとおりさするがらいってくれればいいべしゃ」

小島は少年のように顔をほころばせたが、しかし山に入ると、想像した以上に足どりはしっかりしていて、時幸を安堵させた。

鍰内沢《からみない》にあるサバラの沢に入った二人は、五羽のウサギを仕留めていた。きょうはこれぐらいでいいか、と考えた直後、時幸の前方数十メートルの雪の上を、何かが走った。

「いだ!」

同時に小島が叫んだ。銃をかまえる直前、時幸は、

「テンだべしゃ!」

と呟いた。

銃を放つとテンはコロコロと雪の斜面を転がり、幾らか転がったところでダッと駆け出した。

「当だんながったべか」

小島が叫びながら、雪をかきわけて追いはじめた。

時幸は雪面に点々と血痕がついているのをたしかめると、目でそのあとを追う。

「いだ、いだ。壁さのぼってるぞ」

テンを見つけた時幸がいい、駆けた。テンも時幸と小島の姿を見つけ、逃れようとして雪をかいた。小猫ほどの大きさのテンが、アッという間に雪壁をのぼり、さらには尾根を越えて逃げた。

二人はさらに雪の中を追ったが、尾根を越えた向こう斜面に出たとき、

「あっ、あっち、あっち。ホレ、こっちさ見でる……アレ？」

叫んだ小島が狐につままれたような顔をして立ちどまった。

「おやおや、あれはタヌキだよ、小島さん」

時幸も不思議に思いながら、消えたテンの姿をキョロキョロとさがす。だがどうしたわけかテンの足跡は見あたらず、さきほどのテンと同じぐらいの大きさのタヌキがこっちを見ているのであった。

時幸が銃をかまえる直前、タヌキは駆け出し、逃げた。そして十数メートル走ると、いきなり斜面の雪穴にとび込んでしまった。

「タヌキが人を化かすっていう話は聞いたことがあるども、テンがタヌキに化けた話なんか聞いだこどもネな」

時幸が苦笑いしながら、穴を掘るために、傍の柳の木を切り、ナガサを使って雪べラを作った。小島は時幸のそんな一連の仕種を見ながら、あらためてハンターとマタギの世界の違いを実感していた。

たとえウサギやテンでも、いったん撃ったからには決して諦めない猟の姿勢。そして山での智恵。ひょっとするとテンが尾根を超えたところで諦めていたかもしれない自分たちの猟とはそれはあきらかにちがっていた。

「テンでもウサギでも熊でもハ、ちゃんと引導渡してやらねばいたましぐてハ」

帰りにそういった時幸の言葉を、小島は山神の呟きのように、聞いた。

二　バンドリ

明治二十二年四月の町村制実施以来、荒瀬村に属していた比立内、打当《うっとう》、根子《ねっこ》のマタギ集落は、昭和三十年に行われた国の施策、町村合併促進法によって大阿仁村、阿仁町が合併するのに伴って、阿仁町となった。

変革をみせたのは行政上のことばかりではなく、比立内でも旧来の村田銃に加えて、新式の元折銃が使われはじめていた。そして、それがあたかも時代の潮とでもいうように、集落から一人、二人と都会《まち》へ出ていく若者もみられるようになっていた。山間の集落に、新しい生活様式が入り込み、浸透すると、より都会的なものを求めるように、人々は都会《まち》をめざしていく。

そしてそれは同時に、昔ながらのマタギの世界の変容を物語るものであった。そんな変わりようを見ながら、中には、このままではマタギの伝統も消えるのではないかと危惧する長老マタギもいたが、いざ猟をやろうとしても純然たるマタギだけでは人数もそろわない現状を目のあたりにすると、半ば諦めたように口を閉ざすしか、しかたがなかった。

時幸が初マタギを経験してから数年たつ間にでも、すでにやらなくなった習慣やしきたりもある。それは何もマタギの世界だけに限ったことではなく、山仕事も含めて集落全体についていえることである。集落の生活様式の変容とともにその傾向は強かったが、それはマタギの世界が決して閉鎖的な特殊社会ではなく、集落の地域形態上、必然的に生まれたものであることを物語っている。周囲を高峻嶮岨な山と渓《たに》に囲まれ、時代とは隔絶したような地に生きる者にすれば、森林を相手に生きるより他に術《すべ》は、ない。しかもその森林には熊をはじめとする野生動物や山鳥がいる。それらはこの地で生きる者たちの数少ないタンパク源であった。それは、辺境の地に生きる者たちへの山神の最大の贈り物だったのである。

しかし、山神は労なくして贈り物を授けたわけではない。厳しい自然と闘うことをひきかえにしたのである。

本州では最強の地上の野生、月の輪熊。その脅威、恐怖は隔絶した時代のこの集落に住んだ者にしか理解できないかもしれない。さらには、つかの間の太陽の季節以外は生命力を賭けて闘わなければ生きていけない自然の猛威……。

だが、時代の波、文明の力は、今や彼らに授けた山神の試練をも忘れさせようとしていた。

マタギとして生きることがこの地で生き続けることと表裏一体であった集落の暮らしは新しい時代の生活様式が浸透する中で、近代へむけて大きく動き出していた。それは人の力では抗しようもない魔力と底知れない力を持っていた。

かろうじて昔ながらのマタギの世界を見、教えられてきながら、なお今の時代に生きる時幸はその狭間に立って、長老の心境も、村を出ていく若者の気持も、自分のことのようにわかるのである。

時幸は古い時代のマタギの世界を、知識はもちろん体で憶えてきたが、それは同世代の中でも稀だといってもよかった。それを今の時代にそのまま持ち込むことが不可能であることもよくわかっている。今やひとつの問題が集落の中だけで収まらず、外の世界のことをも考え、まき込まなければならない時代になってきたからである。

やれ狩猟法だの本業だの、マタギとして猟は従になり、猟がレクリエーション風になっている傾向さえ見られるところもある時代である。

松橋家でも時幸のほか、二人の弟の全宏《まさひろ》、徹夫は都会《まち》に出ている。時幸が中学生のころには学校はもちろん地元の学校に通ったし、集団就職や出稼ぎなどはなかった。

しかし、今では村を出ていくことは珍しいことではない。

「街さ行ぐとぎに、ウサギ持ってでってやろうど思うだども、時幸、山さ入ンねが？」

キン子がそういったのは昭和三十四年の三月、ウサギ猟も終期に入り、ぼつぼつ春の熊狩りの準備にとりかからなければと考えていたころだった。キン子たちは、都会に出ている全宏、徹夫の暮らしぶりを見がてら、あそびに行くことになっていたのである。

「それはいいがもしれネ。喜ぶど」

スミもふと孫の顔を想いうかべて呟く。

「わがった。行ってみるべしゃ」

時幸も、熊狩りに入るまえに、もう一度ぐらいはウサギを獲りに出たいと思っていたところだったから、快く承諾した。

家を出て、しばらく行くと、雪の上にウサギの足跡があった。まだ里からそれほど離れてはいない。

「ははァ、きょうはいるナ」

時幸は直感でそう思った。こういう日はよく獲れるものなのである。

ウサギの足跡をたどって山の斜面を上る。足跡はいかにも時幸を導いてでもいるようにくっきりとついている。低い山の斜面を上へ、頂《いただき》にむかっていることが目で追うだけでもわかった。

時幸は斜面の粉雪を掌にのせ、ポンと真上に投げた。雪は粉となって雪ビラを舞わせ、斜面の下のほうに散った。風はウサギのいるところから下へ吹いているようで、風下に立った時幸は有利であった。

頂のあたりは伐採の跡地なのか、樹木はほとんど見えず、ところどころに雪の綿帽子を冠った切り株が散在する見晴《バッコ》らしのいい場所だった。

ウサギは頂から斜面がむこうに傾こうとしているところにある切り株の上に、ちょこんと坐っていた。雪山の哲学者のようにじっとして動かず、置き物をそえたようにも見える。

目と耳の先だけが黒い冬毛のウサギだったが、白い体毛は雪にとけ込むようで、気をつけなければ見逃してしまいそうである。

「お、いだ、いだ……」

時幸の目はそんなウサギを確実にとらえ、胸の内で呟いた。見晴らしのいい場所で、ウサギのほうからも時幸の姿はとらえやすいにちがいなかったが、ウサギは気づく気配がない。

「このぶんだば、たとえウサギが動いても、そう遠くにはいかないだろう」

と時幸は判断し、帰りに追うことにして、さらに奥山へとむかった。

だが、奥へ入るにしたがって、雪は深くなり、空に広がった曇雲からは雪が舞いはじめた。時折り、ヒューとか細い唸りを曳いて、寒風が吹いていく。

何度かウサギの足跡は発見したものの、時幸はこの天候の中での忍び猟は無理だと考えて、再び来た道を戻ることにした。

腰のあたりまである深雪をこぎながら、ふと来るときに見たウサギのことが頭にうかぶ。

「まだいるだろうか。いればいいどもナ」

時幸はさっきウサギがいたところに対面している頂に出ると、渓をへだてて向こう側にある頂を注視した。ウサギが坐っていた切り株をさがし、目を向けると、どうしたことかウサギはまだ坐っているではないか。

時幸の立っている頂から、渓を挟んでウサギの坐っている頂までは約八十メートル。村田銃で撃てない距離ではないが、この日の時幸は、奥山での悪天候もあって、まだ一羽も獲っていない。時幸は確実に獲る算段を、頭の中で計算した。

いちばん獲りやすいのは、斜面を下り、むこう側の斜面にとりついて下から撃つ方法である。しかし、この季節には渓から吹きあげる風がおこりやすい。万一、そんな風が吹けば、ウサギは風の中に人間の匂いを嗅ぎとり逃げてしまうにちがいない。逃げられると、渓から頂に這いあがってウサギを追うのは困難である。この方法は獲りやすいかわりに、逃がす可能性も大きかった。

どうやって獲るか……。

あれこれ考えているうちに、ウサギのほうもどうやら微かな異変に気がついたようで、じっとこちらを見て、小さい鼻をヒクつかせている。そのとき、時幸の頭に、ちょっとしたアイデアが浮んだ。

ウサギは神経をこちらに向けている。このまま注意をこちらに向けさせ、ウサギを釘づけにできないか、と考えたのである。時幸は近くにあった木枝を切ると、自分の着ていたアノラックを木枝にかぶせ、案山子《かかし》を作って雪につき立てた。

ウサギが切り株にいて、注意をこちらに向けているのを確かめて、ソロソロと後退する。そして、ウサギのいる頂を巻き、迂回するように斜面を下り、渓を大きく回って、ウサギの後方にまわった。

だが、アイデアはよかったが、深雪の斜面を下り、渓を回って、再び斜面を上るのは容易ではなかった。グズグズしていると、いつウサギが逃げ出すかもしれない。案山子に気をとられて、動かないでいてくれるのに賭けるしかなかった。

アノラックを脱いだときには山の冷気が肌を刺すように冷たかったが、急ぎ足で下りはじめると、肌が汗ばむほどになってきた。ラッセルしながらの歩行は、いくら急ぎ足といっても、気持の焦りほど進まなかった。

時幸がやっとウサギのいる頂の後方に出たのは、四時間もかかってからである。たかだか直線距離にして八十メートルのところを、ウサギに気どられないようにするため、時幸は四時間もかけて、射程距離を作ったのである。

そっとのぞいてみると、雪山の哲学者はあいかわらず頂の切り株に坐り、宇宙を瞑想していた。時幸の作った案山子は、頂を吹き抜ける微風に揺れ、おいでおいでをするようなかっこうで立っている。

七十メートル、六十メートル、五十メートル……。時幸は忍びながら距離を詰め、ついに銃を放った。尾根を谺《こだま》していく銃声に乗るように、ウサギは切り株で跳ね、雪玉が転がるように、斜面をおちていった。

時幸の体から、ドッと汗がふき出し、瞬間、一羽のウサギを獲るための難渋の時間を、忘れた。ふと、久しぶりに食べるウサギ汁の味に舌鼓を打つ、弟たちの顔がうかんだ。

時幸の顔にやっと安堵の色が流れた。

一日の仕事を終えて、時幸が夕食を食べていると、スミが不思議そうな顔で、時幸に目を向けていた。時幸がそれに気づき、

「……？　婆ちゃ、おらの顔に何かついてるだか？」

箸を止めて訊く。

「そンでないども、なァに急いでるのがと思って見でたんだ」

「きょうは〝もろび会〟のある日だでハ、遅れるとみんなに悪いがら」

「ふうん。一所懸命なこどだども、もろび会て、何だ」

「芝居やってる。おらだちのサークル活動」

「芝居だか……面白いだか？」

「ンだな。鈴木先生も熱心だがらや」

甲高い動力ノコの音が、裏の製材工場から聞こえてくる。昭和三十二年に、茂治たちが始めた有限会社の「比立内木材」製材工場から聞こえてくる作業の音である。

「まだ仕事、終わンねのか」

「ンだと。賃挽きの仕事さ片づかねぐて、急いでるんでないかや」

比立内木材は、魚を入れる木製トロ箱の製材が仕事だったが依託製材、つまり賃挽きも請け負っていたから、きょうはその仕事が残っているようであった。

「あんまり急いで、よぐ噛まねで食べるど体にいぐねど……」

「わがってるども、時間がねでや」

時幸はいかにも、〝もろび会〟のことが気になる様子でいった。

もろび会は、比立内に赴任してきていた教師の鈴木秀男が呼びかけてできた集落の演劇グループである。座員は全員、集落の有志だったが、多いときには十五、六名も所属する好評サークルだった。

サークル名の〝もろび〟というのは、青森トド松のことである。青森トド松はマタギ衆が山入りの時に悪魔払いに使うものでもあった。乾燥させたもろびの木枝に火をつけ、体を払うのである。

この演劇サークルを結成するとき、サークル名を何にするか、さまざまな案が出たが、時幸が出した〝もろび〟は、全員が気に入ったようであった。もろびには、神聖とか、気貴《けだか》いという意味がある。そしてそれは、マタギの村として続いてきた比立内には、もっともふさわしいもののように思えた。

「いい名前だな。ウン、いい名前だ……」

鈴木は何度も頷きながら呟いた。

早々に夕食を終えて、練習場所の集会所へ行ってみると、まだ練習は始まっておらず、鈴木を中心に、数人のメンバーが雑談をしていた。

「おお、来だか」

牛乳屋の春日明男が声をかけてきた。

「まだ始まってながったたか」

時幸がいうと、

「そろそろ始めようかと思ってでだどこだども、ま、こっちさ入れ」

鈴木がいい、体をずらして時幸の坐る場所を作った。

「きょうはバンドリさ獲りに行ぐのにいい夜みでだな」

時幸が坐るのを待つように、明男が話しかけてきた。

「ンだな。ちょうどいい」

「バンドリって、ムササビのことだべしゃ」

鈴木がほんのりとホロ酔いに染まった顔をむけていう。

「そンだ。バンドリ猟だば面白い」

「ほんどにな。食っても美味《うめ》しな」

明男がその味を思い出したようにいう。

「そんだに面白いのか……松橋クン、私でも行けるべかな」

「いける、いける」

「だば、私も行ってみてものだなや。今度行くとき、連れでってもらいてな」

「先生、ほんどに行きてだか？」

明男は鈴木を連れていくのが大乗気のように体をのり出して訊いた。

それからひとしきり、バンドリの話になったが、メンバーが集ったところで、初演の目標にしているトルストイの名作『イワンの馬鹿』の稽古に移った。

稽古に汗を流し、終わったあとの帰り途《みち》、

「ほんどに今度行ぐどきだば誘ってけれや」

鈴木は本気でバンドリ猟についていくつもりらしく、念を押すようにいうのだった。

時幸は子供のころ、

「父さん、チャチャコ獲りに行きやったよ」

とスミによくいわれたことがあるのを、ふと思い出した。初冬の夜、茂治の姿が見えないと、スミは時幸にいったものである。

チャチャというのは熊以外の獣のことを子供に教える言葉で、小獣のことをチャチャコといったのである。

バンドリの肉はウサギよりずっと美味で、茂治がチャチャコ獲りに行ったと聞いただけで、時幸はそれが味わえるのを待ちどおしく思ったものである。

「だば、あまり晴れでない夜に、チャチャコさ獲りに行ぐが」

時幸がわざと子供の言葉のチャチャコを使っていうと、

「ンだな。チャチャコさ、うんと獲ってでくるべしゃ」

明男も悪戯《いたずら》っぽい笑いをもらしていった。


鈴木をさそって、時幸と明男の三人がバンドリ猟に出たのは、それから数日たった十一月中旬の夜であった。晴れてはいたが煌々《こうこう》とした月明かりはなく、薄曇りの、絶好のバンドリ猟の夜であった。

バンドリは夜行性の動物で、昼間は木の洞《うろ》などに作った巣穴に入っていて、めったに姿を現さなかった。他の猟とちがって、バンドリ猟を夜にやるのはそのためだった。

バンドリがよくいるのは、サワグルミ、イタヤ、ブナなどの木の上で、地下におりてくることはほとんどない。月明かりを透かして樹上のバンドリの姿をさがすのだが、空があまりに明かるすぎると、姿が見えにくいのである。

曇り空をバックに、樹木が黒々としたシルエットを描き、その木枝で忙しそうに走り回るバンドリの姿が透かし見える。

「影絵みてだな」

鈴木が寒さに耐えるように鼻を啜りながら呟いた。

時幸の連れてきていた猟犬のポチが、バンドリを見つけて、吠えた。柴犬の一代雑種のポチはメスの猟犬だった。バンドリや山鳥などの猟では抜群の才覚を持つ犬であった。猟犬を使わない比立内の熊狩りには連れていくことはないが、バンドリ猟のときなどはよく場所を教えるので、時幸は連れて出ることがあったのだ。

「雰囲気はゾクゾクするほどいいども、やっぱり冷《しゃ》っこいべな」

鈴木は地面に降り敷いた新雪の上で足踏みしながらいう。

「シッ！　先生、静かにしてけれ」

明男が潜めた声で鈴木に注意した。鈴木も声を低めて、

「いゃあ、すまん、すまん」

と恐縮して頭を掻きながら、ポケットからトリスウィスキーの小ビンをとり出して、ひと口呷《あお》った。

フーッと吐息を吐き出すと、息は白い湯気になり、それが流れて、甘いウィスキーの香りが漂った。

「ほれ、あなたがたのぶんも持ってきだがらやってけれ」

そういうと、時幸と明男にトリスのポケットビンを一本ずつ渡した。

「冷っこいから、体の中から暖めるべ」

鈴木は先生とはいっても、時幸より二、三歳ばかり年長なだけの青年である。同じような年代でありながら、まだウィスキーを飲んだことのない時幸は、

「ウィスキーだか……」

呟き、遥かに年の多い男をみるように鈴木のほうに眼を向けた。鈴木はいかにもうまそうにトリスを呷る。

時幸が鈴木のラッパ飲みにつられたように飲む。明男もそれに続く。

ところが、ウィスキーが口に流れ込み、咽喉《のど》にさしかかった途端、時幸と明男は咽喉が締めつけられるような苦痛に襲われ、激しく噎《む》せた。咽喉が灼けつくように、ヒリヒリと痛んだ。

「オオ苦し！　おらの家だば牛乳屋だで、牛乳なら毎日飲んでるけど、こんなに苦しぐはネど」

「シッ！　バンドリさ逃げるぞ」

鈴木が笑いながらいい、

「一度に飲むから噎せるなや。こうやってちょっと口に含んで、舐めるようにして咽喉に流していくべしゃ」

なるほど鈴木にいわれたようにやってみると、噎せなかった。琥珀色の液体が、咽喉を通り、胃の中に落ちていくにしたがって、ジワリとした暖かさが染み、快かった。沢にしゃがみこんで沢水を飲む。歯が痛くなるほど冷たかったが、水は垢《けが》れを洗い流すようにうまかった。

三人がウィスキーを賞味している間、手持ちぶさたにキョロキョロしていたポチが、思いだしたようにひと声、吠えた。

上のほうを見ると、四、五匹のバンドリが木枝の上にシルエットを作っている。距離は三十メートルから四十メートルはあるだろうか。明男がそれを確かめるように、懐中電灯をほんの一瞬、灯す。光の先に、青白い色をしたバンドリの目が反射した。

時幸が狙いを定めて銃を放つと、緩い直線を描いて、バンドリが落ちてくる。

「よし、やった」

鈴木は自分で射たように、喜んで声をあげる。

「だども、こんな暗い中で、よぐ見えるものだなや。見えるがら当だるんだどもハ」

感心したように呟く。

が、鈴木のいうとおり、陽のあるところで射るのとはちがって、暗い中で狙うのだからなかなか難しいところもあった。まず、バンドリや木のシルエットに重なって、獲物に狙いをつける照門や照星が見えにくくなる。照星というのは銃口近くについている三角形の鉄片で、照準具のひとつである。

時幸は見えにくくなる照星をカバーするために、番線で輪を作り、銃の先につけていた。この輪で照星をくるみ、輪の中にバンドリの影が入ると引き鉄を引く。そうでもしなければ、暗い中で銃を放つのは難しい術なのであった。

しかし、たとえ命中したとしても、即座にバンドリが手に入るとは限らなかった。

バンドリの手足には、その小軀に似合わないような鋭い爪がついている。この爪は、樹木で暮らし、動き回ることの多いバンドリについた天性の道具といってもよかったが、パンと撃った瞬間、この爪が木枝にひっかかるようなことがあれば、下に落ちてこないのである。

「小さく見えるけど、よぐ当たるナ」

「だども、二羽獲ればウサギ一羽より少し多いぐらいあるべしゃ」

明男がいい、

「今度の先生の休みの日に、みんなで食べればいいべしゃ」

時幸が都合をきくように鈴木を見た。

「ほう。いいだかや。貴重なものを……」

「いやいや、毛皮は売り物になるども、肉は汁にして食べればいいんだ。うまいがら」

当時、バンドリの毛皮は一羽三円ほどで、十羽も獲れば勤め人の給料ぐらいにはなっていた。

大正七、八年ごろから昭和初期のころにはバンドリの毛皮の値はもっと高く、一羽獲ると三日分の日当で売れ、マタギ衆の中にも、バンドリ猟で儲ける者もいたぐらいである。

一晩で十羽獲れるのは珍しいことではなかったから、バンドリ猟はかなり効率のいい猟でもあったのである。

余談だが、ムササビのことをバンドリというのは、四肢の間の膜を翼にして、もっぱら夜飛ぶのでバンドリというのである。夜間飛行の専門家なのである。

バンドリ猟は、夜間の発砲が禁止されるとともに、昭和三十年代には禁猟になっている。

鈴木秀男の指導がよかったからか、それとも劇団有志の熱意があったからか、もろび会の第一回旗上げ公演『イワンの馬鹿』は、大好評のうちに幕を下ろすことができた。

公演会場の集会所には『君の名は』のときほどではなかったが、集落の人々が集り、拍手喝采を繰り返した。勤労奉仕で得た資金で購入した緞帳やスピーカーなどの備品が何やら輝いてみえるようでもあった。

鈴木はあの夜のバンドリ猟以来すっかり面白くなったようで、夜空の具合を見ては、

「おい、今夜は行がねだか」

と誘ってくるほどであった。猟の面白さに加えて、バンドリ汁のうまさも、多分にあるようであった。

その味は猟期が終わっても忘れられないらしく、顔を合わすと、

「バンドリ汁さ食いてな」

という話になる。そのバンドリが禁猟になって、一番寂しい思いをしたのは、毛皮で儲けた者でも、上質の毛皮を欲しがる者でもなく、案外、その肉の美味を知ってい

る者であったのかもしれない。

三　二人三脚

　時幸は昭和三十四年にバイクの免許を取得し、百五十ccのトヨモーターに乗っていた。トヨモーターは中古ながら快調で、このおかげで少しばかり離れたところへ行くのにも、ずいぶんと機動力を発揮した。

　以前は自転車で運んでいた集会所の映画会の上映フィルムも、もちろんトヨモーターを使った。

　東京農業大学通信教育課程を受験したのはちょうどそのころのことである。

　これは自由民主党が当時農村振興策のひとつとして、依託生を募っており、時幸はこれに応募したのである。全受験生は九十人いたが、時幸は園芸科を受けてみごとに合格した。

　そんなある日、集会所の映画会で上映したフィルムを、バイクに積んで隣町まで配達して帰ってみると、能代に住む叔母の原田イヨ子が来ていた。イヨ子は茂治の妹である。

「あれ、帰っただか。元気そうだなや」

イヨ子がバイクの音をききつけ、玄関先に時幸を出迎えていった。

「バイクさ乗るまでいい若勢さなっだんだものな、頼もしいものだなや」

イヨ子は部屋にいる茂治やキン子、スミたちに話しかけるようにして、顔をほころばせた。

「なァに、そんだにびっくりするごどもねどもハ、マ、しばらぐでした」

時幸は叔母にあいさつする。

「あのな、きょうはちょっどあなだに話さしだいことがあっで来だどもハ」

「何だかかしこまって、よほど重要な話さあるみでだな。おっかねべしゃ」

時幸はいつもより緊張しているふうに見える叔母の態度がちょっとおかしくなって、微笑した。

「そゞだ。大事な話っこあんだ。婆ちゃや父さん、母さんにはいま話しでだども、あなだももうそろそろいい年さなってできだから」

時幸はイヨ子のその言葉に、イヨ子が訪ねてきた目的を感じとった。

イヨ子はゴソゴソと包みをほどいて、一葉の台紙に挟まれた写真をさし出した。

「佐藤ユリ子さんでいって、能代《のしろ》の娘っ子だや」

写真に写っている娘は微かに柔和な笑みを浮べ、澄んだ瞳が印象的であった。もちろん時幸はまだ一度も会ったことはなかったが、ふと初春の山々を吹き渡っていく爽風を連想した。

黙って写真を眺めている時幸に焦れたようにイヨ子が顔をのぞき込み、

「昭和十三年生まれの気だてのやさしい娘っ子だァ。嫌でなげれば一度会ってみれって」

時幸を促すようにいった。昭和十三年生まれというと時幸より四歳年下である。イヨ子のいうように、写真の中で微笑している佐藤ユリ子という娘は気だては優しそうであったが、いざ結婚となると、時幸には実感がなかった。

二十五歳になった今、一度も結婚について考えたことはないといえば嘘になるが、かといって真剣に考えたこともなかった。考えたとしてもそれはまだ漠然としたものであり、具体性を持ったものではなかった。

「ほんどにな、時幸。そろそろ、よおぐ考えでみでもいい年頃だ」

スミがボソリと呟いた。

「能代で何してる家だか？」

「農家でハ、七人兄姉のいちばん下だ」

「ンだか。だば、田畑仕事は手伝えるだな」

「それに、商業科さ勉強しでたそうだがら、製材所の経理もできるんでないかな」

本人の時幸より、イヨ子たちのほうが熱心のようだった。

「おらはハ、東京農大の勉強もあるし、やるごとはいっぱいある。だども、そんだことといってだらいつまでたっても時間なんかできねでハ、相手方さよげれば一度会ってみでもかまわネ」

「だば、そんなふうにしで進めるがら」

原田イヨ子は、自分の持ち込んだ見合い話がまんざら脈がないものではないと考えたのか万事自分にまかせればいいといった面持ちでいった。

一方のユリ子は、見合いの相手である時幸が、比立内マタギだということを知らなかった。いや、たとえ教えられたとしても、熊そのものでさえ、せいぜい動物園の熊ぐらいしか知らなかったから、マタギがどんな仕事なのか理解する由もなかっただろう。おまけにユリ子の母親は熱心な熊野信仰の信者だったから、母親の信仰の姿を通して、熊は敬うものどの感想はあっても、それを獲る世界、そしてその村など想像もできなかった。

同じ秋田県内といっても、能代は比立内に較べれば、秋田県でも有数の都会である。そんな都会で育ったユリ子には、百貨店どころか市場もない山里は別世界に見えた。ただ、いつのことだったかは忘れたが、時幸に、

「私、比立内がどんなどころか想像もでぎなぐて……」

といったことがある。時幸はユリ子のあまりに正直な感想に苦笑しながら、

「ンだか。知らないだか……山に囲まれた、静かな村だどもな」

といい、そのあとで、

「あなたがたの街さ流れでる米代川さ上へ上へ溯ってくれば比立内に着くでハ、水は通じでるわげだ」

と話した。このときばかりは、ああ、自分たちはこの男《ひと》たちと同じ水を呑んでいるのかと鮮明に思ったことを憶えている。祝言の日になって、比立内に来る途中、列車の窓から雪景色の中を流れる渓を目にしたとき、ユリ子はふと時幸のいったその言葉を思い出したものであった。

時幸とユリ子の祝言は、昭和三十五年三月三十日、春の熊狩りが始まる半月ばかり前のことであった。

例年になく雪の少ない年で、その日の朝も門出を祝うようによく晴れ、冬場には珍

しく青空さえ垣間見える日和であった。

ユリ子は午前中に能代の家で、親族などの関係者が集った祝言の式をあげた。この席には花婿の時幸の姿はない。花婿のいない祝言とは、今の時代からすると何とも妙に思えるかもしれないが、それが当時のしきたりだったのである。花婿は比立内で花嫁が来るのを待つのである。

佐藤の家での祝宴が午前中に終わり、午後には比立内にむかうことになっていた。ユリ子は仲人の原田イヨ子夫妻、それに能代からの送り人、比立内からの迎え人など、総勢十人ばかりに伴われて家を出た。

玄関を一歩踏み出したとき、今度この敷居をまたぐときは、佐藤ではなく松橋になっているのだ、という思いが掠めた。それは感傷とか決意とかいった類のものではなく、ユリ子の女の性の中にある本能といってもいいものであった。

ところが、列車に乗るために能代の駅に着いたときに、ちょっとした手ちがいが持ちあがった。客車は満席で、ユリ子たちの坐る席がないというのである。

座席の予約をしておかなかったからでもあるが、いつもならひとつやふたつの席は予約をしておかなくても空いている。だがその日にかぎって満席だったのである。

比立内では当然のことながら準備万端、予定どおりに式を進めようと待っているにちがいなかった。もう発車時刻も迫っている。

「何か、急ぎの用事でもあるっすか」

駅員が困惑しているイヨ子をうかがうように見ながら訊く。

「ハァ、祝言の日でね……」

駅員は事情を察してしきりに気の毒がり、

「座席に腰かげるようなわげにはいがねども貨車でよげればあいでる車両さあるがら、乗ってもらってもいいどもナ……」

欲はいえなかった。

「乗れるならそれでいいべしゃ。むこうさ待ってるんだがら」

ユリ子は意外にしっかりとした口調でいった。できれば座席に坐っていきたいところだったが、待っている人たちのことを考えるとこんなときに自分だけのわがままはいっておられないという気持のほうが強かったのである。


車窓を流れていく景色の中に、線路沿いに流れる谷川が見えた。渓は雪に埋もれてはいたが、深まっていく黄昏の光を映《うつ》しながら、そこだけ透明感を浮きあがらせていた。ユリ子は夕映えの渓を見ながら、ああ、これが能代にも流れているあの川か、とふと思った。

阿仁合の駅に着いたときには、もうずいぶん陽は傾き、雪の少ない年とはいっても夕暮れの気温は肌に冷たかった。

能代に較べるとずいぶん田舎ではあったが阿仁合の駅前はユリ子が想像していたほどの辺鄙《へんぴ》さはなく、ほんの少しばかり安堵感が漂った。

だが、嫁いでいく比立内はそこからまだ先である。昭和十三年に路線バスは通るようになっていたが、ユリ子たちはタクシーに乗って比立内にむかった。

阿仁合から比立内までは十三キロばかりの距離ではあったが、途中に街らしい街の姿はなく、とぎれとぎれの山峡に、寄り合うようにして家々が建つ小集落が垣間見えるばかりだった。

「ほんどに、山の中だなや……」

ユリ子がポツリと呟いた。行けども行けども続く山峡の風景に、ユリ子の気持はさすがに心細さをさそった。

とっぷりと暮れた夕闇の中に、その家はユリ子の到着を待ち侘びるように、明りの帯を伸ばして佇んでいた。

「着いだよ。もうだいじょうぶだよ」

イヨ子が道中の疲れを慰《いた》わるようにいってユリ子の手をとり、家のほうに導いた。今年は山間にある比立内でも雪は少ないようであったが、門前から玄関に至る道はきれいに雪除けされていて、気持がよかった。イヨ子に手をとられて玄関にむかいながら、ユリ子は〝迎えられている〟自分を感じた。

能代まで来てくれた迎え人が、玄関口で「高砂」を唄いはじめた。高砂の音節に導かれるように、ユリ子は松橋の家の中に入る。玄関を入る瞬間、

「自分にはもうこの家の他に帰るところはないのだ」

という思いが来て、手が小さく顫《ふる》えた。その心の動きを察したようにイヨ子が優しい目でユリ子を見、先を促すように頷いた。

祝詞が奏され、固めの盃が取り交わされて祝言は滞りなく終わった。都会の結婚式のような華やかさはなかったが、賑やかな宴の中に伝わってくる連繋《れんけい》の情は、都会では感じることのできないものであった。

祝言の式はそのまま祝いの宴へと続いた。

時幸とユリ子は出席してくれた来賓一人一人の膳の前へ行き、あいさつしながら酌をしてまわる。

都会《まち》から来た嫁とはどんな娘なのかといった注視の空気を感じないでもなかったが、それよりも世間に笑われないようにしなければという気持のほうがはるかに強く、注視の空気はそれほど気にならなかった。それに、多くを語りかけることはなかったが、慰わりを漂わせた時幸の澄んだ目も救いになった。衆目の見守る孤独の中で、時幸の目には頼っていけるだけの信頼感が漂っていた。

祝いの席は翌日の披露の宴へと引き続く。屋外の寒気を忘れるほどに宴の賑わいは昂まり、あわただしく立ち回るユリ子も時幸も、うっすらと汗ばむほどであった。

ホッとつかの間のひと息をついたところにスミが寄ってきていう。

「こんな山里に、ほんどにまあよぐ来でくれだなァ。困ったことさあっだら、何でもいえばいいがら……」

その言葉は多少の疲れに萎《しお》れがちだったユリ子の心情に染み、ユリ子は胸をつかえさせた。

賑やかだった祝宴も無事終わり、時幸とユリ子が二泊三日の新婚旅行に出かけたのは、祝言から四日目のことであった。行先は山形である。

それは、これから先、二人三脚で新しい家庭を築いていかなければならない時幸とユリ子にとっての、ほんの短い二人だけの時間であった。この旅が終われば能代で過ごしてきた二十数年の暮らしとはちがった生活が始まる。今までとちがった暮らしが始まるのは時幸にとっても同じである。

「私、何もわがらねですがら、よろしぐお願いします」

ユリ子があらたまった口調で時幸にいうと時幸は目元に穏やかな微笑をこぼして、

「何も心配するごとはね。おらもでぎるだけのことはするでハ、気張らねで、ゆっくりやればいい。人間はやる気があればどんな人でも必ずやれるものだでや」

ユリ子は時幸の言葉に、黙って頷いた。

二泊三日の山形への旅はまたたくまに終わった。祝宴もすんで松橋の家はさぞや静けさをとりもどしているだろうと思っていたが、二人が帰り着いてみると、迎えに出たのは祝の席に列席していた人たちで、

「やァ、帰っだか。さァさ、まずはこっちさ入れ」

熱気の醒めやらない宴の席へ招き入れられた。ユリ子は落ちつく間もなく、普段着に着替えて台所に走る。物事に拘泥しないユリ子ではあったが、あまりに荒々しい、というか天外の祝いぶりにはさすがに呆れてしまった。

そんな小さな〝不満〟が旅の疲れとともに表情に浮かんでいたのか、時幸は、

「みんな喜んでくれでるんだ。何でもそうだけど、やってもらっだことがありがたい

と感謝しねばな」
と優しく諭《さと》すようにいった。時幸も旅から帰ったばかりで疲れているにちがいなかった。それにもかかわらず、みんなの待ちかまえる席に出て、ちゃんと相手をしている。その時幸がいうのだから、ユリ子にはもう何もいえず、性来のくよくよしない性格も手伝って、小さな不満を、忘れた。

宴の余韻が引き、松橋の家に残留していた祝客も一人、二人とわが家に帰っていき、やっといつもの暮らしに戻ったのは、時幸とユリ子が山形の旅から帰って一週間ばかりたってからであった。

だが時幸には新婚の味を噛みしめ、ゆっくりしている暇はなかった。四月も半ばに入り比立内マタギの春猟が始まるからである。

ユリ子は時幸が熊を獲る人だと聞かされていたから、マタギ衆が寄り合い、熊狩りの相談をしていても驚かなかったし、「明日は春猟で山さ入るがらにぎり飯さ用意しておぐように」といわれたときも、それがマタギの暮らしなのだろうと思って、眠い目をこすりながらも早朝に起き出し、大きいにぎり飯を五、六個結んでおいた。

起きてきた時幸に、

「弁当さそこにできてるがら。中さ梅干しか入れてねども、大ぎくしておいだから」

明るい声でいった。時幸はユリ子がいうのを聞いて、一瞬、困ったような表情を浮べたが、

「ンだか。山さ入るど腹減るがら、大ぎぐてもかまわね」

と答えた。時幸はまだ夜明け前の午前四時に家を出て山にむかった。ユリ子がせっかく心を込めて結んだ大きなにぎり飯が、台所に置いたままになっているのを見つけたのは、起きてきたスミであった。

「あれ、このおにぎりさ誰のぶんだかや」

と怪訝そうに呟く。

「……？　私が今朝にぎったものだども、忘れでいきやっただべか……もう、せっかくにぎったのに！」

腹が立つより、泣きたくなってしまった。スミはユリ子を制するように小首を傾け、ふと何かが思いあたったように、

「おにぎりの中さ、何入れだ？」

と訊いた。

「何って……そこさ梅干あっだから入れたども、梅干入れだのが悪かったべか」

時幸は梅干が苦手なのかと思いながら、キョトンとしていった。スミはそれを聞くと、やっぱりという顔をし、

「時幸だば何も教えねがっだかもしれねども山入りのどぎはスッパイものさ持ださねものでハ。失敗《スッパイ》に通じるって、マタギの人がたは嫌がるものなのでしゃ。今度から気ィつげたほうがええ」

スミにいわれ、ユリ子は目をパチクリさせた。それはユリ子が初めて触れたマタギの世界の習慣であったが、スミは次のようなことも教えた。

山入りの日はどんなことがあっても笑顔で送り出すこと。笑顔を作ることができなくても、決して機嫌の悪い素振りや愚痴はいわないこと。

「前の日にケンカしてでもだか？」

「ああそうだ。山入りの日の朝だば、子供さ叱ることもひかえたほうがええ。とにがぐ気持よぐ送り出すのが家にいる者の役目ってわげだ」

マタギの世界をまったく知らないユリ子はなるほどそんなものなのかと思ったが、スミが伝えようとしたのは、一歩山へ入ればどんな危険と遭遇するか想像もつかないマタギ衆の生きざまだったのかもしれない。一歩まちがえば死につながるほど厳しい山行。そんな山の中に入る男たちに、決して里のことで気を揉ませることのないよう

に、とスミはいいたかったのである。

それをやれ迷信だの古いしきたりだのと思わず、素直に聞くことができたのは、ひょっとすると、ユリ子がマタギの世界をまったく知らなかったからかもしれない。

だが、そうはいうもののユリ子は生身の女である。マタギの集落での暮らしはもちろん、ついこのあいだまでは都会《まち》の生活しか知らなかった二十歳過ぎの若さである。連日の山入りが続くと、一日の疲れが澱《よど》んでいて、

「また今日もいぐだか……」

つい愚痴ってしまうこともあった。まして子供が生まれ、ぐずられると五回に一度ぐらいは荒い声をあげてしまう。三女の佐都美が生まれた昭和四十年ごろになると、時幸を気持よく送り出す習慣も身についていたが、長女のひとみが生まれた昭和三十七年や次女の悦子の生まれた三十八年ごろには、わかっていてもつい叱り声を出してしまうことがあった。

そんなときは必ず、時幸が出かけたあとで、

「あなただば比立内マタギの母さんだということを忘れではなんね。辛ぐてもハ、この家は昔っからマタギしで暮らしできだわげだがら」

スミが雑談の折にいうのだった。

ユリ子が嫁いできたころには、まだまだそんなしきたりや習慣も多く残っていたのである。ユリ子はひとつひとつそれらを身につけていった。

この集落で暮らすにはそうしなければしかたのないことでもあったが、持って生まれた性格か、とにかくよくよするのもいやだったし、知らないことを憶えていくのは楽しいことでもあった。

能代で暮らしていたときに新しいあそびを憶えるのとはちがって、ここで憶えていくことは、ひとつひとつに暮らしの実感があり、たしかな生活の息吹があった。

集会所では獲れたばかりの熊の解体が始まっていた。

「あなたは集会所さ行って手伝わねば。夕食のしだぐは私がしでおぐがら」

キン子にいわれて、ユリ子は集会所に駆けつけてみたが、室内にたちこめた血腥《ちなまぐさ》い空気に立ちすくんでしまった。

野生の熊をそんなに間近に見るのも初めてであったが、解体はもちろん初めてである。魚を捌《さば》いたりするのとはワケがちがって迫力はあったが、さすがにいい気持はしなかった。だが、ユリ子は口元まで出かかった言葉を呑み込んで黙ってそれを見守っていた。集会所に出かけるとき、

「決してキタナイとか、イヤダとかいってはならねど。マタギ衆の人がたが命をかげ

て獲ってきやったものだし、そんだことというと、獲物さ授けて下さった山神様に申しわげねごとだがら……」

とスミから厳しくいわれていたからである。

糶《せ》りが終わり、猟に参加したマタギ衆に平等に肉を分配してから、その日の猟は終わる。

家に帰ると、台所ではキン子が忙しそうに夕餉の仕度をしていた。

「帰っだか。きょうは味噌煮さ作るだがら、そこさある熊の肉よこしてけれ」

ユリ子が熊肉を渡すと、

「ああ、そこさ置いで。ここは私がやるがら向こうの用意さしでけれ」

「だども、忙しそうだがら、何か手伝いますがら。料理も憶えだいし……」

「ここは手伝いさいらねがら。私だけでやれるがらあっちのほうさ準備せばいい」

柔らかくはあったが明確な拒絶の色を示してキン子がいった。もちろん悪意があったわけではない。が、キン子にそういわせたのはまだまだこの家の台所は自分が支えるのだ、といった主婦としての意地であったのかもしれない。台所に立つキン子の背中は、自分たちもそうやって憶えてきたのだという矜持心が漂っているように思えた。

しかし、ユリ子の気持の中には、この家に嫁いできた以上、習慣やしきたりはもちろん料理を含めて、この家のことはできる限りのことを憶えたいという切なさがあった。それが嫁としての自分の役目なのだという思いもある。

台所に入るたびにキン子の明確な拒絶にあうと、とりつく島もない心境に、つい気持がぐらつきそうになったが、ただ手をこまねいていても何ひとつ憶えられないことが、ユリ子にはわかっていた。何もしないでまかせておけば楽にはちがいなかったが、ユリ子にはそんなふうに狡賢く振るまうことはできなかった。

ユリ子はキン子の拒絶する背中を気づかいながらも、ことあるごとにうかがい、家伝の熊の味噌煮や内臓汁、ウサギ汁をはじめ、この家の味となっている料理を、目で憶えていった。

手をとって細かに教えられるより格段に時間はかかったが、それだけにユリ子の工夫も加えることができた。

熊肉はもちろん、ウサギ肉や山鳥などは、能代あたりでは絶対といっていいほど、口にする機会はなかった。能代では海が近いこともあって、魚介類はよく食卓に並んだが、比立内では圧倒的に山の幸である。

獣肉をはじめ山菜などでも、ユリ子は嫁いできて初めて知るものも多かった。

それらが食卓に並ぶ。

山菜やキノコ、川魚はともかく、熊肉やウサギ肉などは名染みがないことも手伝って、最初のころはいざ食べる段になると、やはり咽喉を通らなかった。

それがこの土地の料理なのだとわかっていても、つい躊躇《ちゅうちょ》してしまう。

「冷《さ》めないうちにほれ、食べれや」

スミたちからいわれても、

「ハイ……」

と答えるだけで箸が出ない。

薪ストーブにかけられ、グツグツと煮える鍋からは、たしかに美味そうな匂いがたちのぼっていたが、やはり箸が出ない。慣れるまでは食べるふりをして、心の中で詫びながらそっと捨てたこともあった。

それももう遠い思い出になってしまったが思いきってひと口食べてみると、想像していたような味ではなく、鶏肉などとはちがう独特の獣臭はあったが、この土地の料理の味として納得することができるようになった。

いつだったか後になって、そのころの話を正直に時幸に話すと、

「ああ、知ってでだよ。けど、食わず嫌いでないがって、私はそう思ってただよ」

獲ってきたウサギは脚をぶら下げ、
いっ気に皮を引いて解体していく。

屈託なく笑った。

春猟も終わり、雪が解けると、田植えの準備がひかえていた。

時幸の家のすぐ傍に、約一町歩ほどの田圃《たんぼ》があったが、ここで自家用の米を作っているのである。この田圃で作る米は、農家として一搬市場へ出荷するのではなく、自営の旅館での炊飯、家族の食用にしているのである。

いよいよ田圃の準備にかかろうとするころ、

「今年がら田圃はあなたがた二人しでやってこい、力合わせでな」

茂治が時幸とユリ子にいった。製材所のほうの仕事が忙しいからでもあったが、茂治は実質的に農作業からの引退を宣言したのである。

十八のころから田畑の仕事はほとんど一人できり回していた時幸はそれほど驚かなかったが、ユリ子はドキリとしたように時幸を見た。能代の実家は農家ではあったが、農繁期にほんの少しばかり手伝った経験があったぐらいで、全面的にまかされるほど、ユリ子にはきりまわしていける自信がない。

時幸は宣言されても動じるふうはなく、悠然として坐っている。ユリ子は狼狽《ろうばい》しながらも時幸を信じるしかなく、黙って頷いた。

しかし、それも序の口。田圃仕事よりもきつかったのが、集落総出でやる採草作業である。

これは集落で田圃を持っている家庭が共同で、堆肥を作るためにやる共同の草刈り仕事で、毎年七月下旬にするものであった。

集落総出とはいっても、参加が認められるのは平等を均《はか》るために、一家庭で二人までと決められていた。

松橋の家からは田圃仕事をまかせられた時幸とユリ子が参加する。

草を刈り、ひと束が平均五十五キロもある束を背負うのだが、力よりも束ね方やバランスのとり方など、要領のよさがうまく背負って歩けるかどうかにかかっている。草を刈ることはできたが、初めてのユリ子にはそんな要領のわかろうはずもなく、うまく背負うことはできなかった。

それでも必死で踏んばりながら、背負おうとする。ウロウロしているうちに、他の人たちはうまい具合に背負ってユリ子を追い抜いていく。

額からは玉のような汗がポタポタとおち、作業着はみるみるうちに汗で濡れ、染みとおった。中には追い抜きざま、都会から来た娘のぎこちない働きぶりに、ひょいと冷ややかな笑いを投げかけていく者もいる。

ユリ子はそんな視線を感じながらも、慣れないんだからハ、仕方ないもの、と思うことにして気にしなかった。

背負った五十五キロの束が、ふっと軽くなる。軽くなると同時に体が前に押し出される力を受けて、ユリ子は振り返った。すぐ後ろには、自分よりさらに大きな草の束を背負った時幸が、ユリ子の束を支えるようにしてついてきていた。

「ホレ、ガンバレ、ガンバレ！」

目が合うと時幸はニッと微笑をこぼし、小声で囁き激励する。時幸の加勢で軽くなった背に、

「しっかりしねば、みんなに笑われンぞ」

という時幸の無言の声を聞いたように思って、ユリ子は胸が熱くなった。

堆肥づくりのための草刈りは、重労働ではあったが、田畑を作っている家にとっては重要な仕事であった。化学肥料などまだ普及していなかった当時は、堆肥の出来具合で農作物の出来の良し悪しが決まるともいわれていたからである。

初めはぎこちなかったユリ子も、ひとみが生まれるころには集落の者にひけをとらないほどうまく背負えるようになっていた。それは、雪のない季節はほとんど毎朝、スミと行く黒草刈りがトレーニングの場になっていたからであろうか。

黒草刈りというのは田の畦に生えている雑草、クロを刈る仕事だが、ユリ子はその

松橋時幸の仕事場は山だけではない。
自給目的の米作りも大事な仕事である。

日常の仕事の中で、刈草を背負う要領を身につけたのである。

黒草刈りは飼馬に与える飼料として刈るのだが、新鮮なものを与えなければならないために、毎日刈る必要があったのである。馬を飼っている家ではどこでもやっていることで嫁いで来たころには労役馬一頭がいた松橋の家でも、それは毎日やらなければならない仕事のひとつになっていた。

スミは老齢にもかかわらず、作業をはじめると年を感じさせないようにてきぱきと動きまわった。

刈った草をうまく束ね、持ってきた縄で縛ると、上手に俄《にわか》背負い子を作り、ヤッと背負う。

「ははァ、うまいもんだなス」

ユリ子が感心したようにいうと、スミはニコリと笑い、

「伊達《だて》に年は取ってネべしゃ」

アハハと笑い声をあげた。スミは一度背負った刈草の束をおろすと、

「どれ、あなだにも教えるがら」

いって、クルクルと器用にユリ子の刈草を束ねはじめた。

「やァ、うまいもんだァ」

ユリ子が再び感嘆の声をあげると、

「ほれ、感心してばかりでねぐ、やってごらん」

スミはあれこれと刈草に掛ける縄の手順を教えた。ユリ子は教えられるままに何度か練習して、一人でも掛けられるようになった。しかし、それなのにいざ背負ってみると、掛けたはずの縄の間からスルスルと草束が抜けおちてしまうのだった。

「やっぱり、うまぐいかねスな」

ユリ子が額の汗を拭いながら溜息をつく。

「いやいや、ながながうまいもんだなや」

スミは励ましてから、

「急ぐことはねでハ、やってればうまぐなるども、来月の盆草刈りまではできるようにならねど、笑われっがら」

刈草を背負うと、年齢を忘れたようにしっかりした足どりで家にむかった。ユリ子は何度も背負い直し、こぼれた刈草を拾っては縛りなおして後を追う。

家に戻ると馬の脚を冷やしに行っていた時幸が戻っていて、

「少しは背負えるようになっだな」

馬の汗を拭いてやりながら微笑した。

「まだまだ……」

ユリ子がいいながら束をおろす。刈草を見つけた馬が、威勢よく、嬉しそうに嘶《いなな》いた。

スミがいっていた盆草刈りは、毎年八月十一日から十二日にかけて、集落総出でやる草刈りで、これも重労働だった。

盆草刈りは集落の外れの山神神社の上のほうにある杉ノ又一帯の斜面の草を刈る作業であった。

一人が四十五束の刈草の束を背負って運ぶのだが、それは早朝に始まり、夕暮れまでかかるほどの大仕事だった。

一日の盆草刈りが終わり、家路を急ぐ途中、顔にどっぷりと疲労の色を浮かべたユリ子に時幸がいった。

「仕事して、辛くても小言いうんでないぞ。疲れでるのはみんな同じだでハ、どれを誰がやんねばならねどいう決まりはないんだがらどれもこれもが仕事だ。ンだがら、ほんどは自分がやらなげればならない仕事を手伝いしでもらってるんだど思って、ありがとうと思うごどだや」

「だども……」

といいかけたが、ユリ子はその言葉をグッとのみ込み、頷いた。それが共同の仕事というものかもしれない、と思ったからである。

もっとも、当時は集落にいるユリ子と同じ世代の嫁、というより主婦たちが、すべてユリ子と同じような暮らしをしていたわけではない。マタギ集落としての習慣やしきたりはまだまだ残されてはいたが、戦後の新しい時代の波は主婦たちの暮らしも変え、終戦から十年以上経過したこの時代には、旧《ふる》い時代の暮らしを忘れさせるほど大きく変わったものもあった。

習慣やしきたりをそれほど重んじる必要のなかった家庭では抵抗なく新しい時代の流れに入り、新時代の生活を楽しむかのように、自由に暮らしている女たちもいたのである。

都会《まち》に育ったユリ子でさえ驚くような文化生活を見ることがあって、そのたびに時代が変わっていることを痛感させられた。そのような空気に触れ、ふと羨ましい気持がわいてくるのは、ユリ子の女としての性《さが》がそうさせたのかもしれない。

「金蔵さんがたのキン子さんだば、自由に暮らしでやってハ……」

ユリ子がいう。金蔵は時幸の叔父だが、その嫁は姑と同名のキン子といった。

「金蔵がただば営林署の仕事だもの。ウチがたはやらねばならねごとさいっぱいあるがらしがたねべしゃ。それがおらがたの務めだ」

時幸はそういうと、慰わるようにユリ子を瞶《みつめ》た。

もちろんユリ子にもそれはよくわかっている。わかってはいるのだが、若い女としての皮膚感覚が、つい愚痴っぽいことをいわせてしまうのであった。

時幸も、時代が大きく変わっていることがよくわかっていた。それは、東京農大の集中講義の折などに、東京へ出かけるたびに、強烈に痛感させられた。

東京農大は世田谷四丁目にあったが、東京という大都会の変わりようは、集会所の映画会などで垣間見る以上に凄じく、時代の揺籃《ようらん》のさまを感じたものであった。

二年間の通信教育課程を終えた日、スミにそれを報告すると、

「ンだか。だば、時幸は学士様だなや。立派になってで……」

言葉を詰まらせながら、嬉しそうに時幸に目を向けた。受験当時は九十人ばかりいた通信教育生も、卒業時には十数人に減っていた。だが、時幸はその後も研究生として三年、東京農大に籍を置き、勉強を続けた。

時折り士官候補生の教育のように、富士演習場で行われる自衛隊の演習に参加させられるのにはまいってしまったが、しかし、普段は触れることのない論理的な学問は時幸の知識意欲を鋭く刺激し、楽しいものであった。

時幸はさまざまな教科の中で、今でいうバイオの分野に特に興味を示した。それが現実の園芸や農業にどんなふうに役立つのかは明確ではなかったが、将来の夢が含まれているように思えたからである。

時幸は十四代目を継ぐ比立内マタギであると同時に、秋田県の狩猟指導員でもある。マタギを継承する者が年々少なくなる一方で、レクリエーションとして狩猟をする一般ハンターは増え、県内の狩猟人口は四十年代に四千人、五十年代に入ると八千人にまで急増していた。

そうなると猟銃所持者の中には、極端にいえば素人同然の者もでてくる。そこで県では狩猟者の適正化を図るために、ハンターに対しての狩猟モラルの指導、猟や銃の技術指導、県から狩猟者への伝達など、それらの要となる指導者を置いたのである。

時幸が狩猟指導員だからというわけではなかったが、秋田の土崎で鉄砲店をやっている草薙が訪ねてきたのは、やはり時幸のマタギとしての経験と実猟の腕に注目していたからにちがいなかった。

草薙は二月の、まだ寒マタギが続いている季節に、一丁の銃を携えて、ひょっこりとやってきた。

「あれ珍しい。草薙さんでないの……父さん、草薙さんさ見えましたヨ」

玄関口に応対に出たユリ子が、部屋にいた時幸に声をかけた。

「まンず、スばらぐでした。ご無沙汰致しでおりまして……」

草薙は肥満気味の体をぴょこんと折り曲げてあいさつする。

「まず、中さ入ってお茶でもあがってください」

ユリ子に招じ入れられると、草薙は居間へ通った。居間には牛乳屋の春日明男も来ていて、何かを相談しているところらしかった。草薙は薪ストーブの前に坐ると、あいさつもそこそこに、携えていた銃をケースから抜き出した。

草薙のとり出した銃は十二番の単身銃で、中古品らしかったが、ひと目見ただけで手入れが行き届いているのがわかった。

「この銃だば、父さんに試射してもらいでど思って持ってきたども……ンで、もし調子よげれば誰かに斡旋しでもらえればありがだいと」

「ンだか。銃をさがしてる人はいるどもな。これからウサギさ獲りに行ぐ相談しでだところだから、この銃持ってで、試射かたがた、山さ行ってでみるが」

そういって明男のほうを見ると、明男も異議なく、即座に頷いた。

午後三時に家を出て、三人がむかったのは早瀬沢の支沢、長滝沢の猟場である。時幸は先頭をきって雪をラッセルしながら、後から来る草薙を気づかって沢を登っていく。寒マタギのころは、山馴れた者でも、歩くのは厳しい。今は素人同然の草薙を伴っての山行だったから、なおさらだった。

時幸が作った足跡をたどるように伝えても草薙はともすればそれを外しがちで、そのたびに深雪に足をとられていた。

ウサギの足跡が見つかったのは、長滝沢を溯り、山をひとつ越えた大沢の造林地のあたりに出たときだった。時幸は草薙がついてきているかどうかを確かめ、目を凝らしてウサギの姿をさがす。

草薙は何とかついてきてはいたが顔には脂汗が流れ、肩で息をしているところを見ると相当に無理をしているようであった。

「草薙さん、だいじょうぶだか」

明男が気づかうようにいう。草薙は上半身を折り曲げ、膝に手を置いたままの姿勢で、力弱く、無言で頷いた。

そのとき、時幸の目に雪原を走る一羽のウサギの姿が入った。距離は約八十メートル。ウサギを撃つ距離にすると、ちょっと遠いようにも思えたが、それも鉄砲の命中率を調べるにはいい機会だと考え、颯《さっ》と銃をかまえ、放つ。

一連の動作のうちにも、鉄砲のクセ、引き鉄の調子の硬軟、照星、照準のブレなど確かめなければならないポイントに注意をむけている。

ウサギは銃声と殆ど同時に、ピョンと跳ね、雪の上におちて動かなくなった。

そのあと時幸は散弾とひとつ弾の両方を使ってみて、

「命中率もいいみでだし、これだば斡旋してもいい」

草薙にいった。その言葉を聞くと、草薙はホッとした表情をこぼし、フラフラと深雪の中を歩きはじめた。

「そっちは道がちがうでや、草薙さん。おらが先さ行ぐがら、ゆっぐりついてくればいいべしゃ」

時幸はそういうと、長滝沢へむかって歩きはじめた。が、時幸と明男がゆっくり歩いているにもかかわらず、草薙はすぐに二十メートル、三十メートルと遅れてしまう。それでも草薙は肩で荒い息をしながら、立ちどまって待っている時幸と明男を追うのだった。

そんなことを繰り返して何度目かに、追いついた草薙はいきなり雪の中に倒れ込み、

「もうダメだ、歩げね。ここさ置いで先に帰ってくれでいいだでや」

弱々しく呟いた。

「何いってる。ここに置いでけば、あなだはまちがいなぐ死んでしまう。置いでげね、さ、立つべし」

時幸が厳しい口調でいうと、

「ンだか……死にだぐはねな」

草薙は肥えた体を懶気《ものうげ》に起こし、ヨロヨロと立ちあがった。額に浮き出た脂汗が雫となって雪に滴りおちた。

歩いたのは約四キロ。普通なら約一時間で歩く距離だったが、草薙を援護しながら、その日は三時間以上もかかり、帰り着いたときには陽が暮れていた。

帰路、山の端に消えてゆく厳冬の落日に目を向けながら、時幸はふいに、熊の吠声《ほえごえ》を耳にしたように思った。

冬眠のまっただ中にいる季節に、熊の吠声が聞こえるはずはなかったが、時幸は幻想の中で聞こえたその吠声は、百キロは超えるであろうあの巨熊の声にちがいないと思った。

第四章

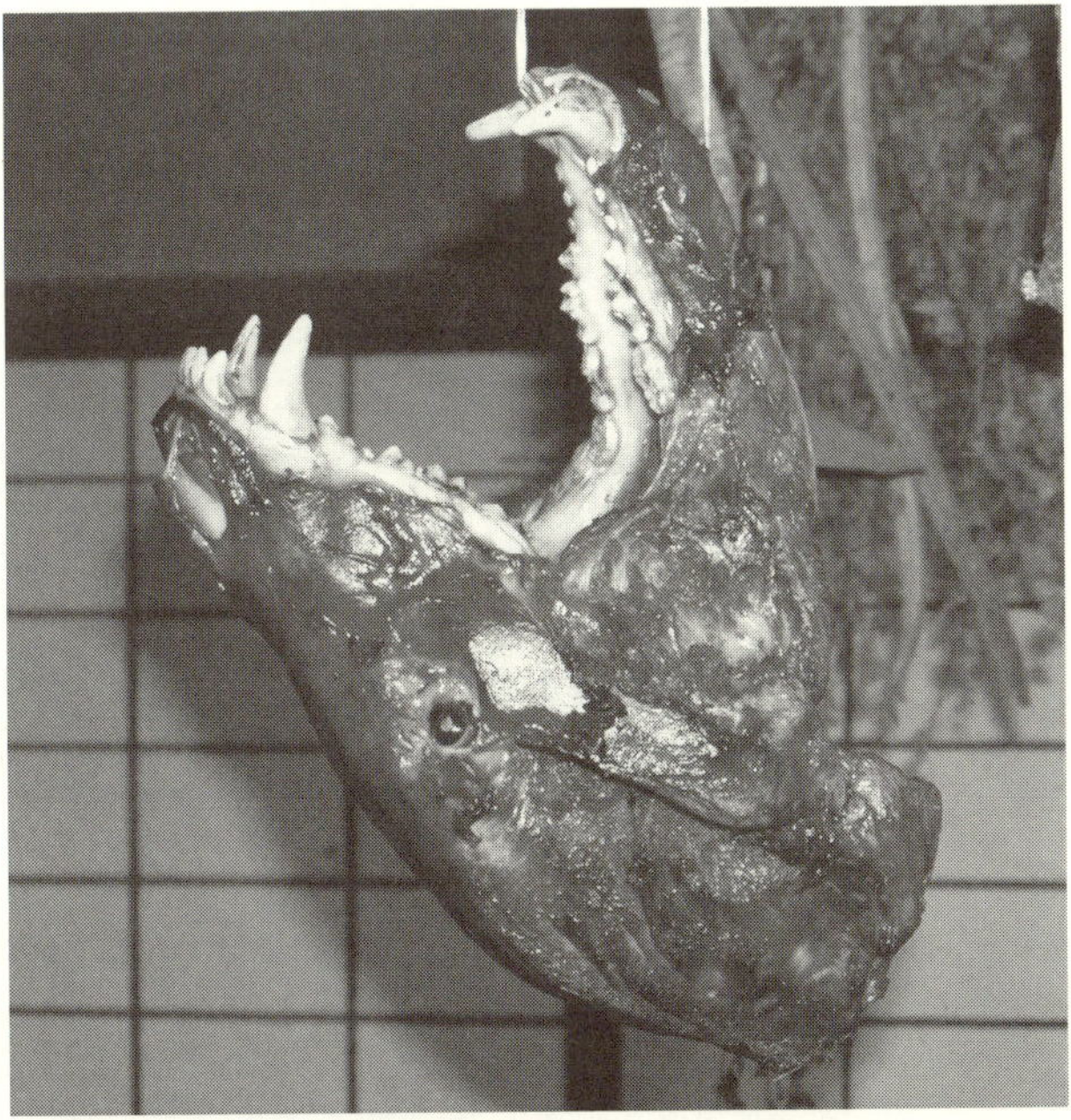

小屋掛けしない今日では、
仕留めた熊は全員で里におろして解体する。

一　雪片飄々

　時幸は文明が杜絶していた時代はともかく、習慣やしきたりが失われつつありながらも、なおマタギがマタギとして生きることのできる時代を生きてきたが、そんな時代に嫁いできたユリ子も、マタギの家の内の姿を知っている数少ない女性といってもいいだろう。

　ユリ子は嫁に来た当時では想像もしなかった近代設備の整った台所に立ちながら、ふと当時の習慣やしきたりを思いうかべることがある。もちろん今でも続いている習慣やしきたりもあるが、思い出すたびに、やらなくなっている習慣やしきたりもずいぶんあることに気づくのである。そしてそれは、熊どころかマタギさえどんなものなのか、まったく知らないで嫁いできたユリ子が、完璧なまでにマタギの女房に成長したことを物語るものでもあった。

　盛岡に嫁いだ長女のひとみ、家業の旅館を手伝う次女の悦子、東京の会社へ就職した三女の佐都美。戦後の民主教育を受け、現代生活を満身で享受して育った三人の娘たちは、もちろん時幸やユリ子が生きてきた時代のマタギの家の暮らしを知る由は、ない。

そんな時代の変移にもかかわらず、時幸がなおマタギとして生きるのは、マタギの家に生まれ育ち、マタギとして暮らしてきたどうにもならない〝血〟のゆえかもしれない。どんなに腕のいいハンターでも、マタギにどうしてもたちうちできないところがあるとするなら、それはこの〝血〟の伝承の有無によるからにちがいない。

かつては長老マタギのいうことは絶対であったマタギの世界。習慣やしきたりはどんなことがあっても守らなければならないものであった。

だが、もはやそんなことが通用する時代ではない。それに、肝心の長老たちも、引退する者も一人、二人と年々増えてきている。だからといって、続いてきたマタギの伝統を消してしまってもいいというわけはない。

昔からの習慣やしきたりの中には、実猟や暮らしのために重要なこともたくさんある。巻き狩りという猟法もそうなら、獲物を平等に分配するという習慣も、実に合理的である。

旧来の習慣やしきたりを、そのまま若い者たちに押しつけるのは無理がある。それ

らない。はむしろ、若い者に固苦しさだけを強要し、マタギになるのを遠ざけることにしかな

どうすればいいだか……時幸はしきりに考えることがある。

時幸は苦悩しながら、猟にとって必要な習慣やしきたりは守り、縁起だけに傾いているものは捨てるということが現代に生きるマタギとしての責務であり、伝承の方法ではないか、と考えるのである。

戦後の新しい時代の波が屛風のような山脈をつき破るように押し寄せ、凄じい勢いで山村の姿を変えるようになるまで、マタギが常に日本の地上最強の野生、熊をはじめ、山棲みの動物たちと対峙しながらも共生して生きて来られたのは、不可欠のことを厳正に守る姿勢をつらぬいてきたからであった。彼らは狩猟の民ではあったが、同時に厳格なまでの保護思想に裏づけされてもいる。猟はもとより、日常の暮らしも、しきたりや禁忌によって律することで、乱獲することを防いできた。

しかし、今やそれも通じなくなろうとしている。生活様式の変化もたしかにあるが、森林伐採や山林開発、そしてすべての猟銃所持者を一律視した法規制……。野生たちの棲む山村に生きてきたマタギたちにとって、それは自分たちの生活感覚を超えた外の世界から流れ込んできた波であった。時代の力だった。

動物、山菜、キノコ、川魚、峻嶮な山岳地帯に閉ざされた集落に生きる者にとって、それらを採獲して生きることが、暮らしだったのである。当然、乱獲は食生活、さらには経済生活を脅かすことになる。だからこそ彼らはその集落に生きる者として、自分たちを厳しく律し、それを生活感覚として生きて来たのである。レクリエーションとしての狩猟、釣り、山菜とりやキノコ狩りの世界とは完璧なまでに異種の世界である。

だが、時代とともに押し寄せる社会環境の変化はそんな山村の生活感覚を抗《あらが》いようもなく押し流し、都会風の色に変えつつあるのだった。

しかし、どんなに時代が変わろうと、いぜんとして集落をとり囲む山々には、昔ながらの野生が棲む。中でも熊はこの地に住む集落の人々にとっては、強烈な脅威であることにかわりはない。地域環境の条件を無視したような規制や動物保護の声が高まる中にあって、時幸はマタギとして生きる世界が、息苦しくなっているのを痛感する。もしそのような脅威がなければ、あるいは絶対に熊害がないと保障されるなら、明日にでも鉄砲を捨ててもいい、とまで考える。

嶮《けわ》しい山岳にとり囲まれた環境や熊害の脅威がなければ、この集落にも、決してマタギは存在しなかったにちがいない。彼らの猟はレクリエーションではなく、生活だ

雪の降り積もった山中を飛ぶように翔ける。
マタギの脚は時に獣を凌ぐ……。

った。そしてここで生きることは、闘いだったのだ。

とある日、時幸は降り始めた初雪の空を見あげながら、数年前から旧大阿仁地区の山々に出没している巨熊のことを思いうかべた。

鉄砲店の草薙を伴って試射に出かけた折に幻想の中で聞いた、あの百キロを超える巨熊のことを、である。

その熊は山の奥だけではなく、里の田畑にも出没し、集落の人々にも何度か目撃されていた。が、時幸はそれを不思議なこととは思わなかった。山には人間の想像を遥かに超える大自然の驚異がしばしばあった。ひょっとすれば、この熊より、さらに巨大な熊が、ひそかに生きていたとしても不思議はないだろう。

時幸はそんなことを考えながら、一歩まちがえば命にかかわる猟の世界を思う。そしてこの地で猟が続く限り、猟に生きてきたマタギの良き伝統だけは守っていかなければと、強く思うのであった。


幻の国道といわれた一〇五号線が全通する前後の昭和四十六年、スミは一度もその道を走り抜けることもなく、八十六歳の生涯を閉じ、その九年後の昭和五十五年にはキン子が六十三歳で他界した。

キン子は当時、ボーリングによって湧出した打当集落の温泉に浸りにいき、そのときにひいた風邪をこじらせたのが原因で、あっけなく他界した。

打当温泉は現在ではコンクリートの建物の建つ保養所となっているが、温泉が湧出したばかりのころにはバラックが建っていただけで、キン子は湯ざめして風邪をひいたようであった。

秋田に住む土田弘資が時幸のところに通い、時幸たちマタギ衆に加わって猟に歩くようになったのは、キン子が他界する数年前ごろからのことであった。

「父さん、明日、土田さん来るって、聞いでるが？」

スミやキン子はじめ、松橋の代々の仏が納まる仏壇に灯を入れてきた長女のひとみが、ふと思いだしたように時幸に訊く。

「ああ、知ってる。さっき母さんから聞いだでや」

「だば、明日、熊さ獲りに行ぐのか？」

テレビに見入っていた次女の悦子が、愛嬌のある目をクリクリと動かしていった。

「行ぐ」

「ンだかァ。頑張って獲って来い。私、明日はスキーの講習さあンがら、田沢湖さ行ぐ」

「そうが。気ィつげで行げ」

いいながら、時幸は最近見かけるようになったあの巨熊の足跡のことを思った。もう秋田市内からジープを走らせて、土田がやってきたのは翌日の午後であった。もう何度も来ている通いなれた道だったから、ハンドルを握る時間も気にならなかった。

土田が初めて時幸と会ったのは、仕事で比立内《ひたちない》に来た折、客として松橋旅館に投宿したときである。それは雪のない季節のことであったが、館内に置いてある熊の剝製を見た瞬間、土田はこの家が狩人の家であることを察した。

「あの熊、この山で獲ったスか」

夜、土田が尋《たず》してみると、時幸が比立内マタギだと教えられ、心がときめいた。土田はできることなら熊を仕留めてみたいと思っていたからだった。

土田の思いは例外的なものではなく、秋田県のハンターの中には熊を仕留めなければ一人前ではないとの意識を持った者が多いのも事実であった。しかし、熊猟には多大な危険が伴うことも認識されていたし、技術的にも高度なものが要求されたから、撃ちたいとは思っても、誰でもができるものではなかった。

それでも何とかして熊を獲りたいと思う者はいるらしく、山中に仕掛けられた罠が発見されることもあった。

罠の中にも、ひっくぐしというくくり罠や三十センチ以下のトラバサミなど、甲種の免許を取得すれば認められるものはあったが、熊を獲るために掛けられるのは、平落しという禁止罠であった。禁止罠が発見されると、時幸たちは、それを撤去するために山に向かった。土田には違反してまで熊を獲りたいという無謀な意識はなかったが、鉄砲撃ちとして、本当の熊狩りは経験してみたかった。

マタギでもない自分が、マタギ衆の猟に同行できるとは思わなかったが、意を決して、是非、猟に連れていって欲しいと申しいれてみる。断わられてもともと、との思いもあったが、それでもなお頼んでみようと思ったのは、レクリエーションとしてではなく、鉄砲撃《ぶ》ちとして熊狩りの真髄に触れてみたい気持が強かったからにちがいない。

即座に拒否されるかと思ったが、時幸はしばらく黙考してから、土田の銃歴や経験を、雑談でもするように訊き、話しはじめた。

時幸がどう判断したかはわからないが、

「マ、秋猟さはじまれば、一度、見学に入ってみればいいべしゃ。勝手な行動は困るども一度見でみるごどだでや」

土田が熊猟の見学のために、時幸たちに同行したのはその年の狩猟解禁直後のことであった。この時代になると、他地区のマタギ衆との交流も積極的に行われるようになっていた。

かつては他地区のマタギの猟場へ行くことは固く禁じられ、強い反目の中でトラブルがおきることもあったが、時の移ろった今、お互いに積極的に交流し、それぞれのマタギの猟法の長所を交換するまでになっている。マタギは大阿仁猟友会としてひとつにまとまり、新しい時代の、現代マタギとして息吹きはじめたのである。


あれからもう、十年ばかりの歳月がたとうとしている……。時幸はすっかりこの山に馴れたふうな土田を伴って、鍰内《からみない》沢を上流のほうに歩きながら思った。

その日は猟が目的というより、熊の出没状況の調査かたがた、足跡をさがそうと、二人で山に入ったのである。もちろん万一のために銃は携帯した。

山には数十センチの積雪があったが、初冬の雪は柔かく、まだ堅雪にはなっていなかった。樹木はすっかり葉を落して枝を寒風に揺らし、植林された杉だけが葉を落さないで、鬱蒼《うっそう》と繁って、薄暗い森を作っていた。

時幸は尾根に出ると双眼鏡をとり出してのぞき、むこう側に広がる斜面をゆっくりとたどっていく。熊の姿を直接見つけるのが目的ではなく、熊がいる痕跡を求めたのである。

ドングリ、ブナ、コクワ、ヤマブドウ、トリキシバ、ミズキ、クワ……実をつける木の周辺は特に念を入れて、見る。木の実を漁《あさ》った跡があれば、そのあたりに熊がいる可能性が高いからである。

もちろん熊を見つけ、それが獲れそうな状況にあれば、即走る。勢子《せこ》たちが追い出してくれるわけではないから、その道程がどんなに嶮しかろうと、距離があろうと、銃を抱えて、いっ気に走らなければならない。

もしそんな状況があれば、数人の勢子たちが熊を追い出す巻き狩りとはちがって、きょうは土田とたった二人だけの、忍び猟のような実践をしなければならない。

その日の調査で、幾つかの熊の足跡や痕跡を見つけることができた。あの巨熊の痕跡らしいものはなかったが、時幸は秋猟への手応えを深めていた。夕暮れにはまだ少し時間があったが本格的な猟に備えて早目に調査をきりあげ、帰路につく。

ところがその帰路、名兵衛沢《ナフエジャ》にさしかかったときに、時幸は斜面を上にのぼっている熊の足跡をみつけたのである。遠目にもかなりの大きさをした熊であることがわかる。しゃがみ込み、足跡を調べてみて、時幸はあらためてその大きさに驚いた。まちがいなくあの巨熊だった。しかも足跡は、まだ歩いてから間がなかった。

時幸とは少し離れて、調査かたがた歩いていた土田を呼んで足跡を見せると、土田は俄《にわか》に緊張の色を走らせて、

「いるべか？」

と訊いた。

「いる。これだば、近いど……」

時幸がいい、足跡を追いはじめたとき、斜面の上のほうから雪玉が転がり落ち、その遥か上のほうを、黒々とした塊が上っているのが見えた。

「いだ！」

時幸が低く叫んだ。あの巨熊にしてはちょっと小さいように思えたが、

「土田さん、一、二の三で同時に撃《ぶ》で。ただ私のはスコープつげでねがらハ、外れだらあなだの銃で撃で」

時幸はスコープに、狂いが生じていたために、修正に出していたのである。それを悔いはしなかったが、スコープなしで撃つには熊との距離がありすぎるように思えた。そこで万一を考え、外れればスコープつきの土田の銃で狙い直すように伝えたのである。

「一、二の三ッ！」

かけ声と同時に、二丁の銃が火を吹いた、木枝に積もった雪が、パラパラと粉になって舞う。同時に斜面の上の熊が駆け出し、姿を消した。

「……？　あだってねべか」

土田が呟く。

「ダメだ。外れでる。どっち行っだ？」

いうと時幸は足跡をたどって斜面を上りかけた。その足をふと止め、

「いだ！　沢さ走ってる」

まちがいなくあの巨熊だった。そのとき、

「上、上。父さん、上にもいる！」

時幸を見上げて、土田が叫んだ。時幸はチラッと上を見、

「親仔だべしゃ。上のは仔っコだ。沢の熊さやる」

その間にも熊は沢を走り抜け、向こう斜面を上りはじめた。渓《たに》は約四十五度ばかりの急傾斜のV字谷であったが、斜面を上る熊の動きはそんな嶮しさを微塵も感じさせないほど敏捷で、闊達であった。

「土田さん、スコープで狙いさつげれ。今度はしっがり撃で！」

励まされるようにいわれ、土田は慎重な面持でスコープをのぞき、熊の動きに合わ

せて銃を移動させる。ヨシ、と思った瞬間、引き鉄を引くと、渓を銃声が谺《こだま》し、斜面を上っていた熊がゴロゴロと転げおちた。

「勝負だ、か……」

土田が呟く。

しかし、時幸は反射的に、妙だ。と思った。

撃ち獲ったときに熊が発するサジドレゴエに、命中したという手応えがなかったし、普通ならいかに急斜面とはいえ、崖壁でもないかぎり、一度は途中で止まるはずの熊が、沢まで落ちて、仰向けにひっくり返っている。

「ナーニ、ひっぐり返ってるだで、だいじょうぶだや」

土田はいったが、時幸は、確信が持てないのか、

「だども、念のために弾さ込めでおげ！」

厳しい口調でいった。

相手は百キロを優に超える巨熊である。もし弾が急所を外れていて、逆襲してくれば人間二人が叩かれ、殺《や》られるのはわけがない。

時幸は土田が弾を込めたのを確かめ、自分の銃にも弾込めしてから、熊が斃れている沢へおりていった。

巨熊は脇腹のあたりから血を流し、仰向けにひっくり返っていた。真黒い冬毛に蔽《おお》われた体をビクビクと痙攣《けいれん》させてはいるようだったが、時幸にはもうひとつ絶対的な確信が持てなかった。

安全を確かめるために、熊をつついてみようと思って、少し長い目の柴を手にとって近づける。ところが、熊はそれを待っていたかのように、突然起きあがったのである。柴が体に触れるかどうかのほんのわずかな間であった。

ブルッと体を震わせると同時に、熊は上半身を捩じり、起きあがる。全身に秘めた魔の力を絞り出すように、腹の底に響く吠え声をあげ、猛然と叩きにかかった。宙を切った熊の爪が渓の空気をひき裂くように鋭い音をたてた。

「撃で！　土田さん、早ぐ撃で！」

時幸はとびさがりざま、必死で叫んだ。土田が銃を頰づけし、引き鉄を引いた……。だが、土田の銃はカチッと金属が打ちあうような空しい音をたてただけで、熊の襲撃を封じこめる銃声を響かせなかった。土田が銃を放てば、たとえ命中はしなくとも、熊はひるむはずだ。その一瞬の隙をついて態勢をたてなおせば銃を撃つことができる。時幸はそう考えたのだが、土田の銃が不発だとわかったいま、余裕はなかった。

「ダメだ、弾が出ネッ！」

土田はいいざま、沢を駆け出した。熊は駆ける土田に気がつかないように、まっしぐらに時幸をめがけて襲撃してきた。

時幸は自分のことを忘れたように叫び、斜面を数メートル駆け上って、それから沢に沿って走った。

「逃げれッ！」

背後で雪を掻き、走る熊の足音が追っていた。熊と時幸の距離はたちまちのうちに縮まったのか、肌にふれそうな迫力で、熊の荒い息づかいが感じられた。

このままでは、負げる……。そう判断した時幸は、斜面の雪を蹴るようにして、V字谷を作っている反対側の斜面に、跳んだ。満身の力を足にこめ、斜面を蹴りつける。ギュッと雪を踏み固める感触があって、体が宙をとんだ。体が浮くと同時に上体をひねり、銃をかまえた。

銃口が向けられると、熊は一瞬のうちに体を翻し、沢へとびおりた。運悪く、それは逃げる土田のすぐうしろだった。熊と土田の距離は一メートルもなかった。あとひととびで熊の爪が土田にかかろうとしたとき、とびながら肩から外して放った時幸の銃声が鳴った。

熊はオァーンと今度は明確なサジドレゴエをあげ、土田に追いかぶさるようにして、もんどりうった。と同時に、熊のすぐ前を走っていた土田が、ドタリと倒れた。

「やられだッ!」

時幸は咄嗟《とっさ》にそう思った。時幸の位置からは、まちがいなく土田がやられたように見えた。

渓が、静まりかえった。熊も、土田も、ビクリとも動かなかった。

時幸は熊を撃ったことも忘れて土田のそばに駆けより、

「土田さんッ!」

大声で叫んだ。土田は雪の中に埋めていた顔をブルッと震わせ、ゆっくりと頭を持ちあげた。血の気が引き、生の色が完全に消え失せていた。

「だいじょうぶ、だか……」

時幸が慰わるようにいうと、土田は力弱く頷き、

「……び、びっぐりしだでや……」

声を顫《ふる》わせながらも、ホッとしたように呟いた。

時幸の放った銃弾は熊の左耳のつけ根のあたり、顳顬《こめかみ》のほぼド真中をブチ抜いていた。熊が斃れ、伸ばしている手から土田の足先まではわずかに五十センチ。ほんの一瞬、時幸が銃を放つのが遅ければ、あるいは銃弾が命中していなければ、まちがいな

く土田は熊に叩かれていたにちがいなかった。

「ケガ、ながっだか……」

時幸がいうと、土田はヨロヨロと体をおこして、雪の上に胡坐《あぐら》をかいて坐った。

「だいじょうぶ。木の柴に足さとられでひっくりかえったども、まンズ、やられだど思っだァ……」

血の気を甦らせた顔に玉のような汗を光らせ、まだ恐怖のさめやらない表情でいった。

「ひと息入れだら、土田さんだば人を呼び、綱《シナリ》とナイロン袋さ持っで来でもらえねが」

時幸がいうと、

「ンだすか。おらだばもうだいじょぶだがら里さ行ってきます」

土田はいうと立ちあがり、鉄砲を肩にかけなおすと、あたりをキョロキョロ見回しながら山を下りていった。

土田が行くと、時幸は木枝を手に持ち、ケボカイの儀式をはじめた。

「ナムザイホーブリョウ、ジュガクブツ。ナムアブラウンケンソワカ……」

その呪文を七回繰り返す。時幸のあげるケボカイの呪文は、低く、厳《おごそ》かに、山々の渓に流れた。

ケボカイが終ると、時幸はナガサで木枝を伐《き》り、Y字形のマッカを作る。それからココリで熊の手首を切開して、そこにマッカを立て、熊を解体しやすいように整えた。百キロを超える巨熊は、数人がかりでも手数がかかりそうだったが、土田が呼んでくる人を待っていては陽が暮れてしまう。

時幸は熊の下唇に刃を入れ、敷皮にできるように皮を断っていった。たった一人で奮闘しながら、時幸が皮を剝ぎ終わったのは二時間ばかり後だった。

皮を剝ぎ終わると、熊の肉を部位ごとに分ける解体にとりかかったが、胆を破かないように気をつけながら、約二十分ほどで時幸は解体を終えた。

「この熊の毛皮だば、いい値がつくべな」

手伝いにきたマタギ衆の一人がいったが、時幸には手離すつもりがなかった。恐怖の教訓と比立内マタギとしての矜持、それを永遠に心の中に刻み込むために、自分で持っておきたいと思ったのである。

この巨熊の敷皮は、現在でも時幸の家の中に敷かれ、マタギの心のありようを、無言で吠え続けている。

偵察で見つけておいた別の熊を獲りに山入りしたのは、それから数日後のことである。あのときに逃げた仔熊ではなく、五十キロばかりの大きさと思える熊だった。

その日は、十一月も二十日過ぎだというのに朝から霙《みぞれ》模様で、水分をたっぷりと含んだ新雪が足に纏《まと》いついてきた。

猟場に入り、先日見つけておいた足跡のあたりに行ってみると、足跡は霙に解き流されたのか、やや消え加減になっていた。日中の気温が上昇して、霙は雨にかわった。

「雨になっだなや……このぶんだば、出でこねかもしれねな」

同行していた鉄砲撃ちの田村がいった。

「……遠ぐには行ってねど思うども、ちょっと状況さ悪ぐなっだな。だば、いったん、里さ引きあげで、昼食でも食べで、様子見でがら、出なおすべし」

「ンだすな。引ぎあげだほうがいいみでだ」

土田も同意し、三人は里へむかった。

女心と秋の空の言葉どおり、この季節の天候は実に変わりやすい。粘りつくように降っていた秋雨も、昼を過ぎるころには小止みになり、時幸の家で待機していた三人が再び山にむかったのは、午後二時を少し回ったころだった。

土田の運転するジープがシャーベットになった林道のぬかるみをはねとばし、深閑とした森を進んでいく。靄《もや》のような薄霧が広がり視界はあまりよくなかった。

さきほどの場所に近づき、ジープを止める。熊を見つけたのは、三人が車をおりて歩きだそうとしたときだった。

薄霧がたち込める遥か前方の木のそばで、熊が一心に木の実を食べていたのだ。熊は木の実に気をとられながらも、微かに人の気配を嗅ぎとったのか、餌を喰《は》むのを中断し、高鼻を嗅いだ。

土田と田村の二人はすでに銃をケースから出していた。

「あなだがた二人で撃で！」

時幸がいうと、二人はほとんど同時に引き鉄《がね》を引いた。だが、熊の動きは銃声よりもほんの微か早く、渓の斜面に跳んだ。銃声と熊の動きは一秒も違わなかったが、弾は熊を掠《かす》めただけで、命中しなかった。

斜面にとびおりた熊はいったん渓底に下ると、今度はむこうの斜面を斜めに上りはじめた。四肢を激しく動かし、雪を蹴散らせて上っていく。

次の弾を装塡した土田か田村が、再び発砲した。熊はその銃声に弾かれるように、足掻くようなかっこうで斜面を転がった。

熊とは四百メートルばかりの距離があるように思えたが、時幸には命中していないことがわかった。

「ダメだ。あだっでネな」

時幸がいったとおり、熊は斜面の途中で、四肢を広げ、腹這いになってすべりおちる体をくいとめ、また上りはじめた。その熊を狙って田村が銃をかまえようとしたとき、

「今度は私が撃つ！」

時幸がいい、愛用のライフル三〇〇六を頬付けし、放った。

熊は銃声と同時に、体をのけぞらせるようにし、ゴロゴロと斜面を転げた。サジドレゴエは距離があったから、明確には聞こえなかったが、命中の手応えは十分だった。

土田が先頭に立って斜面を駆けおり、田村と時幸が続いた。熊が斃れている十数メートルのところで土田が突然立ち止まり、颯《さっ》と銃をかまえて、撃った。続いてもう一発を発射しようとしたところで、

「土田さん、もうだいじょうぶだ。まちがいねぐ獲れでるでハ、そんだに撃だねぐでも心配ない」

時幸が苦笑して土田にいった。かまえた銃をホッとしたようにおろし、振り返った土田の表情には、先日の巨熊に遭遇した折の恐怖感が翳《かげ》を引いていた。

時幸にはしかし、土田の心境がよく理解できた。初マタギの折に遭遇した熊をはじめ、時幸はこれまでに多くの熊と対峙してきたが獲ることはもちろん、その気配を感じたときでさえ、なまやさしい相手だと思ったことは、ない。時幸は熊が人間には及びもつかない力と、内に秘めた狂暴性を持っていることを知っていた。それが想像を超えた恐怖であることも、時幸は忘れたことがなかった。

鉄砲を持ち狩猟経験のある土田でさえ、時幸たちと熊猟に入るようになり、熊と直面してはじめて熊が与える本当の恐怖を知ったにちがいなかった。熊と間近に対峙し、銃をかまえながらも毛髪が逆毛立つことや、無意識に体に震えがくることを知ったとき、土田は理屈ぬきに熊の恐怖を悟ったのだった。

二　日々……

時幸の一年は、ざっと見るだけでも多忙である。

春には冬眠から眼ざめた熊の巻き狩りがあるし、その他にも自家用の薪の伐り出し、フキや竹ノ子などの山菜採り、稲の苗作りに田植え、そして夏が来ると山の手入れや草刈り、田圃の雑草とりも大切な仕事である。

秋は稲の刈り入れにはじまって、キノコ採りや冬に備えての雪囲いをし、それが終ると秋猟が始まる。短い秋猟が終わり、本格的な冬が来ると厳寒の中での寒マタギや雪おろし……。

一年のうちで少しばかり息がつけるのは盆過ぎと雪深い冬のわずかな時間だけである。

冬には深い雪に閉ざされているから、そのあいだに日頃後回しになっていた家の中の雑用をこなすことで終わってしまう。

また、盆過ぎの季節でも、時幸は寸暇を無為に過ごすことはなく、山へ入る。木の実の成り具合やキノコの生え具合を偵察かたがたイワナやヤマメなどの渓流魚を釣りにいくのである。

かつて山間の集落で、魚といえば川の魚であった。とってきた魚は囲炉裡の上のベンケイという藁苞《わらづと》に串刺しして干したり、塩漬けして保存したものだが、流通機構が発達し、その日のうちに新鮮な海産物が運ばれるようになった今日では、食糧の確保という意味あいはなくなり、釣りは趣味のものになろうとしている。

世の中が豊かになったのを反映するように釣り人の数も増え、この比立内の川も釣り雑誌などでしばしば紹介されて、東京あたりをはじめとする他府県からも驚くほど多くの釣り人がくるようになっていた。

釣り人が入るようになったからだけではなく、ダムや堰堤の敷設、森林の伐採や開発など、さまざまな環境の変わりようが混じりあって、かつては数多く溯ってきたサクラマスも殆ど来なくなったし、養魚場のようであった太い魚の群れも昔の話になっている。

魚影だけではなく、釣り道具も当時とは大きくかわっている。時幸が小学生のころ、単板工場の小林工場長から手ほどきされた時代とはちがって、テグスは強いナイロン糸にかわり、竿は竹からグラスに、さらには高度技術《ハイテク》から生まれたカーボン竿も生産されている。

禁漁期間に入る九月二十日までに数日を残したある日、時幸が渓にむかったのは、旅館への宿泊を予約してきた客の中に、イワナ料理を食べたいと注文した都会の客がいたからでもある。

養殖技術が進歩した今日では、かつては幻といわれたイワナやヤマメも〝量産〟されるようになってきたが、それでもなお天然もののイワナを食べたいという客がふえてきたのは、グルメ時代を反映してのことだろうか。

比立内の川は三月中旬には解禁になるが、時幸が釣りに出かけるのは、盆過ぎから禁漁になるまでの一カ月足らずの間だけである。しかも、その年に一度竿を入れた渓には、どんなに釣れる渓であっても、大魚を逃がそうとも、翌年までは二度と竿を入れることはない。そうすることが魚を残し、育てることになるとの意識が、生活感覚の中に染みついているのである。

夏の暑気に満ち、照り返る陽ざしは灼けるように強い季節ではあったが、渓へ入ると水面の冷気を攫《さら》うように吹く渓風は快い涼しさを運んで通りすぎる。時幸はスパイクつきの地下タビで足まわりをかため、植林と天然林の入り混じる渓を歩いていた。

足を移動させるたびに、スパイクが岩を噛み、カッカッと穿《うが》つような音をたてる。大岩やゴロ石の上を馴れた足どりで歩きながら、目は川面に注がれ、魚のいそうなポイントに近づくと、フッと気配が消える。

背に小型のリュックを背負い、腰に魚籠《ビク》とナガサをつけた時幸の姿は、渓風にまぎれるように気配を薄くするのだ。それは多くの釣り人がやる匍匐《ほふく》の潜《ひそ》み姿勢ではなく、一本の木、一塊の石、一叢《ひとむら》の草になってしまったような自然体である。ちょっと見ると棒立ちのように思えたが、時幸は影さえも消してしまったように静謐《せいひつ》だけが渺々《びょうびょう》と流れる渓の中に立っていた。

「三つ、いるな……」

岩と岩の間を渓水が落ち、白泡を作って水が流れる落ち込みの手前に来たときに、時幸は胸の中で呟いた。白泡はいったん川底に巻きおちて先で湧きあがり、鏡のような水面を作り出していた。時幸はそこに、三本のイワナの魚影を読んだのである。

目印のついていない仕掛けを、淵の少し上流、水が落ち込みから流れ出しているあたりに投入する。鉤についた餌のミミズがフワリと宙に飛び、音もなく流水に落ちて縒《よ》れに吸い込まれる。

一メートル、二メートル……緩やかに流れていく糸に、時幸は小さな魚信を感じ、ひと呼吸おいてから、竿先を軽くあおった。ピンと張った糸からグラス竿の穂先に心地よい魚の動きが伝わり、ビクンビクンと顫える。

時幸は魚を水中であそばせないように、素速い手の動きで魚を水中から抜きあげた。二十五、六センチ。灰茶色の中に雪のひとひらを散らしたような白斑をつけた、美しいイワナだった。

時幸はそのポイントで、目で数えただけの三本のイワナを釣り、次のポイントへ移った。そして次のポイントでもまた、目で数え、見えたイワナだけを釣りあげた。

水中の魚を見、幾ついるかを読んで釣る。それが時幸の釣りだった。

普通、渓流釣りでは鳥の羽根やセルロイドなどの目印をつけるのが標準的な仕掛けとされているが、時幸は目印をつけなかった。目印は魚信を速かに知るためのものだが、時幸は、その半面、魚にも目印が見え、違和感を与えることにもなると考えるからだった。

時幸の目を逃がれ、目印のない仕掛けにも掛からなかった魚は、人間の知恵と技術に勝ち、生き残って子孫を残す。時幸は自然という対象の中に自分を置いて考える。同じような型のイワナを二十本ばかり釣りあげ、規模はそれほど大きくはないが水深のある淵にさしかかった。時幸はつかの間、竿を持っているのを忘れて、その淵をのぞき込んだ。

「置き鉤をすれば、確実に太いのが掛かるだろうナ……」

ふとそう思った。

置き鉤というのは、竿を使わずに魚を釣る方法である。餌にはカジカや小魚の一尾掛けかドバミミズと呼ぶ太いミミズを使う。タコ糸のついた置き鉤用の大型鉤を、餌にする魚の口から刺し込み、糸は尻から出して、その先端を木枝にくくり、岸に止めておくのである。

時幸たちは、鉤を使わないで置き鉤を作ることもある。タコ糸を使うことと餌の小魚は同じだが、鉤のかわりに木枝や竹を使うのである。竹をツマ楊子ほどの長さにして、左右両端を鋭く削り、その真中をタコ糸でくくって、餌にする小魚の体内に刺し込み、これを淵やトロ場など、水流のないところに入れておくのである。

置き鉤は夜やるのが普通だったが、魚影の濃かったころには、ひとつのポイントに三つ、四つ入れておいても、すべての仕掛けに尺上のイワナが掛かったものであった。

水面が鏡状になった小淵を、スッと魚影が走る。時幸は置き鉤の思いを払って、息を潜め、水の中の光景に目を惹《ひ》きつけられた。透明な水の中では、尺を超えるイワナが、十五、六センチの小イワナを襲い、喰いつこうとしていた。

「やっぱり太いのがいる……」

時幸はそう思いながら大小のイワナの争いに見入る。

小イワナは右へ左へ、急カーブをきったり体をくねらせたりして逃がれるのに必死だったが、尺イワナには効き目がなかった。

「ナニヲ小癪《こしゃく》ナ！」

とでもいうように、尺イワナは大口をあけると小イワナに喰いつく。小イワナが体を反転させようとした瞬間、その上半身は尺イワナの口にくわえられていた。

「殺《や》られだか……」

時幸は弱肉強食の世界を目のあたりに見ながら思ったが、それでも小イワナは温和しく喰われてはいなかった。尺イワナの口吻からはみ出した尻尾を激しくバタつかせ、最後の抵抗を試みる。

ところが、小イワナの執拗な抵抗に手をやいたのか、尺イワナが一瞬、口吻《こうふん》の力を緩めた。小イワナはその隙を逃がさず、スルリと尺イワナの口から抜け出したのである。

虚をつかれた尺イワナはあわてて追おうとしたが、小イワナの逃げの態勢のほうがほんの少し速かった。尺イワナは魔の口から逃がれた小イワナをさがして、右へ左へキョロキョロ……。

「ははァ、こいつ、腹減ってるだな」

時幸は考えると、間髪入れずに仕掛けを振り込んだ。思ったとおり、餌のミミズが着水し、ゆっくり沈みはじめた途端、尺イワナはまるでそれを待っていたかのように、ミミズに向かってよく肥えた体を踊らせた。

ガツンと鋭く、重い手応えがあって、竿が引き込まれる。時幸はその衝撃と重量感に耐えながら、片手で竿を持ち、もう一方の手で岩崖を摑んで、取り込みやすい場所に移動し、いっ気に尺イワナを水中から引きあげた。

三月の解禁から禁漁になるまでの六カ月の間に、何百人もの釣り人がこの渓で竿を出しているにちがいなかったが、それでもなお、魚はいる。だが、時幸は昔からすると、やはり魚影は薄くなった、と思う。こんな尺物にめぐりあうのが稀になるほど、渓の魚影は薄くなっているのだ。

その昔、といってもそれほど遠い昔のことではないが、マタギは山に入ると稚魚を捕り、それをフキの葉にくるむと、滝を越え、崖を渡り、上流へ、また上流へと放流したものであった。これ以上は魚が溯れないといわれる魚止めの滝さえ、命をかけて越え、放流してやったものなのである。しかし、今日ではそれも追いつかない時代になってしまっている。

尺イワナを釣りあげた後、時幸の鉤には十五、六センチのイワナが掛かった。時幸はそのイワナの鉤を外すと、柔らかな微笑を浮べて、

「来年は大きぐなってでこい……」

そう呟くと、水の中に返してやった。

渓に広がる木の葉はぽつぽつ紅葉をはじめ、樹間には、秋の気配を漂わせた雲が、流れていた。

渓の魚影が薄くなったという思いは時幸だけが痛感していたことではなく、マタギ衆の日常の話の中でも、しばしば聞かれることであった。

荒瀬に住むマタギの西根稔が、自分たちの手でイワナを育てようといいだしたのも、魚影が薄くなっていく渓の姿を哀しんでのことかもしれない。

西根は旧大阿仁地区のマタギ衆が交流するようになり、大阿仁猟友会としてひとつにまとまって活動しはじめてから、時幸たちともしばしば猟を共にしているマタギ衆の一人である。家業は代々、鍛冶屋である。鍛冶名を正剛《まさたけ》といい、時幸の使っているナガサも、西根が精魂込めて鍛ったものである。

イワナを育てるという話に、時幸はもちろん異論はなかった。誰かがいいださなければならないことだと時幸も思っていたからである。

だが、今はフキの葉に稚魚をくるんで滝上に放流したころとは時代がちがった。山林開発によって増設され、奥山へ伸びる林道は、場所によっては魚止めの滝よりさらに奥へ伸び、深山に入る人々の足の便を向上した。そして釣り人は急峻な山岳地帯をどんどん溯り、まだいたいけな少年の面影を残す小さな魚さえも釣りあげ、殺生する者もいる。これではイタチごっこどころか、魚が減らないほうがどうかしている。もはやそんな手段では通用しない時代になっているのだ。

「増やすとすれば養殖だども、養殖するっだって設備も技術もいるでハ……」

それをどうするか。時幸が同意しながらも躊躇《ちゅうちょ》の色を浮かべて溜息をつくと、

「露熊山峡に、前に誰かがやってだ養魚場さあるだども、それが売りに出でるからおらはそれさ手に入れっがら、そこ使うべや」

西根は準備してきた計画を話した。

「ンだか。設備さあるならやりやすいな」

「ンだす。壊れでねがら、痛んだところを手入れしで、整備さしでやれば、明日にでも使えるでや」

西根のいった養魚池は、秋田県の名勝地といわれる露熊山峡の中にあった。池には山峡を流れる露熊川から水を引き、約一反歩の養魚池を満たしていた。手を入れてみると真夏でもヒヤリとする感触があって、

「これならやれるかもしれねな……」

時幸は呟いた。

イワナを増やすという話に、同じマタギ衆の佐藤弘二、斎藤伸一が賛同し、参加した。弘二は西根の弟だが、根子の佐藤国男の家に婿に入った若手のマタギで、伸一は西根と同じ荒瀬に住み、機械修理の仕事をしているマタギだった。

まず手はじめに二千尾の稚魚を入れたのは昭和六十二年のことだったが、数センチしかない稚魚は約一年の間に、よく肥えた立派なイワナに育っていた。

「これだばだいじょうぶだや」

全員の意見がまとまり、イワナ生産組合を設立、約二万尾の稚魚を池に入れたのは、六十三年七月初めである。

根子《ねっこ》の佐藤国男も姿を見せ、全員が夢を賭けるように、水槽の稚魚を池に、手渡しで移していく。魚影の薄くなっていく渓に哀しみを覚えた男たちの手が、魚が育つことに夢を託して、魚を池に入れていく。

数尾の元気のいい稚魚が、池の枠を超えて川に放水する用水にとびこむ。

「あれ、逃げだぞ」

誰かが叫んだが、それを追おうとは、しない。

「いいンだ。川さ入って、大きぐなれ……」

男たちはフキでくるんだ稚魚を、滝上に放してやるときと同じ目差《まなざ》しで、池に群れる稚魚に目を向けていた。

山峡を風が渡り、水面に涼やかな風紋を作って、通りすぎた。

終章

誰がどこの持場につくか、合理的に猟をするために、
現場で判断し、配置を決める。

萱草の熊

昭和六十年、夏。

盆を迎えようとする八月十三日の午後、普段は静かな比立内《ひたちない》の集落を、けたたましい警報音を響かせて、緊急出動の救急車が走り抜けた。

「何ごとだろうか……」

盆の準備をしていた時幸が手を休めると、

「父さん、大変だや!」

近所にある雑貨店の木澤商店に買い物にいっていたユリ子が、顔色を失くして駆け込んできた。

「なにしだ?」

時幸もユリ子のあわてかたに、ただならぬ気配を感じとって、立ちあがった。

「ヨ、義蔵さんが、熊に、やられだど……」

「なに！」

いうなり時幸は絶句した。絶句しながら、やっぱりまたおこったか、との思いが頭を掠《かす》めた。

義蔵は七十代になるが、現役の統領《シカリ》を務める長老マタギである。

その日、義蔵はトビタケをさがしに、小岱倉沢に注ぐナタギリの沢を歩いていた。

小岱倉沢にかかる吊り橋を渡り、樹林を流れる小沢に沿った山路をたどっていけば、山の上にできた約三十ヘクタールの伐採の広場に出る。義蔵はその広場のあたりに、ブナの古木があるのを知っていて、それに生えるトビタケを採ろうと思っていたのである。

沢はなだらかで、小さいながらも清水が流れ、幾つもの溜りを作っていた。義蔵は途中でキノコを採りながら山路を歩いていたが、ふと沢水の溜りが濁っているのに気づいた。

「牛の奴《やつ》があそんだな……」

義蔵は牛が沢水を飲む長閑《のど》かな光景を思いうかべた。平地の少ない比立内では、約五十年ばかり以前から、肥育のための赤牛を山中に放牧していたのである。

「だども気をつけねばな。熊に殺《や》られっがら……」

時たま放牧の牛が熊に襲われるのを思いだして義蔵は呟いた。

あたりには夏草が茫々と生え、広場が近いことがわかった。樹林がきれるあたりで、風に揺れる枝葉や草叢の音が聞こえるだけで、静かだった。

キノコ採りに気をとられていた義蔵はまったく無防備だった。いや、経験豊かな義蔵でなくとも、まさかそんなところに熊が潜んでいるとは思いもしなかったにちがいない。

熊は義蔵が草叢をかき分け、足を一歩踏み出したとき、いきなりとびかかってきた。静けさを打ち破るように吠えたかと思うと、真赤な口が目の前に迫っていた。避ける暇もない急襲だった。

義蔵は本能的に右腕をあげて顔面を防ごうとした。熊はその右腕にとびつくように、義蔵に襲いかかった。

骨が砕けるような不気味な音がし、激痛が走った。義蔵の左腰にはナガサがあったが、利き腕を熊に噛まれていたから、抜くことはできなかった。腕には鋭い牙が、ガッチリとくい込んでいた。

熊は義蔵の背丈より少し低いぐらいの、五十キロばかりの大きさに思えたがその力は凄まじく、義蔵はバランスを崩して押し倒された。押し倒されながらも義蔵は熊の腹の下に入った足を、渾身の力で蹴りあげた。その足蹴りが効いたのか、熊は義蔵を噛んでいた口を放すと、転げるように離れた。そして、威嚇するように両手をあげて立ちあがり、ひと声吠えると草叢《くさむら》にとびこみ、逃げた。

義蔵は失神したように草叢の上に倒れた。熊の爪にひっかかれたのか、首筋や背中の肉が裂け、血が吹き出していた。

義蔵は満身創痍になりながらもキノコの入ったカゴを背負い、沢を下った。義蔵が沢を下り、吊り橋を渡って林道を歩いたのは意志の力だった。そして、そのとき、たまたま軽トラックで林道を走っていた牛乳屋の春日明男に出会ったのは、万にひとつの幸運といってもよかった。一命はとりとめたが、義蔵の傷は深く、リハビリには長い時間がかかりそうであった。

草食性といわれるツキノワグマが、他の動物を襲うことはないとの定説がくつがえされたのは、いつごろのことだろうか……。

時幸は思いを巡らせてみるが、明確にいいきることはできない。山中に放牧中の牛が熊に叩かれ、喰われるという話はもうずいぶん以前からあったことだし、カモシカが喰われることも古くからあったようだ。

山中ばかりではなく、里の田畑が荒らされることも珍しくなく、時幸自身、裏の栗林を一晩で根こそぎ喰い荒らされたこともある。

熊の農作物の荒らしようは尋常ではなかった。トウモロコシの一本、クリの一個をちょいと失敬するといったふうな悪戯じみたものではなく、トウモロコシ畑などでも一晩で全滅するほどの凄絶さだった。

このあたりで最初に一般人の被害者が出たのは、昭和五十七年ごろで、萱草《かやくさ》に住む農家の老人だった。だが、時幸には熊がある日突然、人を襲うようになったとは、どうしても思えなかった。その兆候は昔からあったような気がしてならないのである。

熊狩りは命がかかる、というのは昔も今もかわりないが、昔はマタギが命をかけて、熊が里におりてきて被害を及ぼすのをくいとめていた。その闘いで命を落したマタギや瀕死の重傷を負ったマタギも多い。名人として名が残っているのはそんな格闘で生き残った者たちであった。

狩猟法では猟期を十一月十五日から翌年の二月十五日までと定めている。これは他の狩猟対象鳥獣についても同じだが、熊の場合、この期間は冬眠の期間で、実質的には猟はできないのである。できるとしても解禁直後の数日ぐらいだろうか。

マタギを含めた狩猟者への法規制は年々厳しくなり、六十二年度の有害駆除期間の捕獲制限で北秋田郡に割り当てられたのは全体で三十二頭、このうち比立内では三頭という寡数であった。この頭数を獲ってしまえば、あとは獲ることができないのである。

それだけではない。狩猟期間外は熊が人里におりてきたときはもちろん、たとえ人を襲ったとしても、簡単に銃を発射することは許されない。

どうしてこうなってしまったのか……。自然の摂理に従って生きてきた時幸には、時の流れだとばかりはいえない複雑な思いが交錯する。

いつだったたか、時幸は田沢湖の近くの玉川にタケノコを採りに行き、置いていた弁当をたいらげられたことがある。普段は食べなれていると思われるタケノコやフキなどの山菜には手も触れず、弁当に慣れているとしか思えない食べようだった。

タケノコ採りは竹薮を徘徊して採るのだがしばしば方向をあやまったり、道を迷ったりするために、中心となるところに弁当などの荷物をまとめ、ラジオをかけておく。以前はこれが熊除けにもなるといわれたが、熊の弁当泥棒がしばしばおこるところを見ると、これも防除には効果が薄いようである。

弁当をとられたり熊に襲われたりするのは山菜採りばかりではなく、ハイカーや山仕事の者たちも同じだった。ラジオどころかチェーンソーやブルドーザーの音さえ聞き慣れ、人間の近くにも平気で出てくる熊もいたから、人里に出てくる熊がいても不思議ではない。

時幸はしかし、出てくる熊ばかりが悪いとは決して思わない。山仕事の人もそうだが、ハイカーや山菜採り、釣り人たちが、持ち帰ることの面倒くささから、無神経に山中に捨てていく残飯。そんなものを食べ、さらにはカモシカや牛を猟して熊が食べるうちに、草食性といわれたツキノワグマは動物性タンパク質の味を覚える。それに加えて奥山の森林伐採や山林開発によって棲息地を奪われた熊は、人里に出没し、最悪の場合には人間を襲うのではないか、と時幸は考えるのだった。

露熊山峡の養魚池に二万尾のイワナの稚魚を入れた六三年夏のある日、時幸たちマタギ衆が池の畔で、イワナの無事と成長を祈念して、缶ビールでささやかに乾杯をしあった。

「ここのイワナも熊にやられねばいいどもな」

斎藤伸一がビールを呑む手をふと止めながら、まんざら冗談ではない口調でいう。

「ンだすな。でかいのもいるみでだがらや」

西根がいうと、

「ナニ、熊か、イワナか、でかいのは？」

佐藤国男が笑顔で訊く。

「もちろん、熊だでや！」

西根がいって、グイッとビールを呷った。

露熊山峡はもちろん、比立内の山峡をはじめ、このあたりの山を徘徊している巨熊がいるのは事実だった。その巨熊はしばしば里にも姿を現わしていて、田畑にも足跡を残し、さらには偶然、田圃の中を歩いているところがビデオに撮られていた。足跡やビデオから判断すると、少なくとも二百キロ以上、ひょっとすれば三百キロ近い巨熊のようである。ツキノワグマは平均七、八十キロといわれ、百キロを超えると大物の部類に入るから、この熊は前代未聞のヒグマ並みの超大物である。

超大物熊がまだ人を襲ったという話はでていないが、もしそんなことがあれば、それこそ前代未聞の大惨劇が展開されるのは必至のことだった。大惨劇が絶対におこらないとはいえない状況が、ますます浸透している時代である。

「被害が出るまえに、何どがしなげればならねどもナ……。命さかがっでもハ」

それがマタギの矜持《きょうじ》なのだとでもいうように時幸の口調は厳しかった。その表情からは、イワナの稚魚を瞶《みつめ》ていたときの柔和な表情は消えていた。

養魚池の水面に、青空に浮かぶ真夏の雲が映り、ゆっくりと流れていた。イワナが

熊だけでなく、イワナやヤマメなどの渓流魚、山菜、キノコ……
山からの贈り物に向ける松橋さんの目は真剣で敬虔。
自然のものに対する深い慈しみがある。

水面を、はねる。その水紋が、水に映った山々の樹林の緑を揺らす。
時幸は水に揺れる樹林に、とてつもない巨熊の翳《かげ》を見たように思った。
蟬時雨《せみしぐれ》が、囂《かまびす》しく、降っていた。

あとがき

雪が降っていた。ひとつ、またひとつと峠を越えるにつれて景色はモノトーンになり、山が深まってゆく。熄《や》みそうになく、霏々《ひひ》と降り続ける雪があるばかりだった。この深い山の先に、人が暮らす集落が本当にあるのだろうか……。ふとそんな不安にとらわれながら、気持ちだけは山へ向けて逸る。頭の中にはマタギの熊猟への同行という思い一点しかなかった。

秋田県の北部、阿仁の比立内《ひたちない》集落に松橋時幸さんを初めて訪ねたのは昭和六十年の秋が終わるころだった。もっとも巷《ちまた》では秋の終わりだが、深い山の中にある集落ではすでに雪が積もる冬の気配が濃厚だった。

松橋さんを訪ねた目的はマタギの熊猟の話を聞き、猟に同行させてもらおうというものだった。今思えば冷汗百斗、単純で浅薄な思いつきだったとわかるのだが、そのころは熊猟への興味と好奇心だけが独り歩きし、とにかく熊棲む山へという狭い視線しかなかったのだと思っておきたい。しかし……。

「ン？　カイザキさん、何処さ行ぐ？」

山行の装備をした私を見ながら松橋さんが訊くのである。

「えッ、あのォ、猟について……」

いいかけた言葉を遮るように、

「ダメだ。連れて行けネ！」

鋭く、確然とした言葉が返ってきた。

マタギの人たちの世界は閉鎖的である、とか、自分たちの猟を他人《ひと》に見せないといったような噂語を耳にすることもあったが、私を連れて行かないといった松橋さんの言葉はそういったニュアンスとはまったく違っていた。

熊猟への同行がそれほど安易なものではないと実感したのは、その後、猟に同行することを許され、何度も猟について行き、勢子《せこ》まがいの手伝いまでさせてもらえるようになってからのことである。

熊の猟場は急崖や悪場の連続する険しさである。しかも猟期のころは雪の積もった季節なのだから、ただ歩くだけでも難渋するのに、熊を追っての行動は想像を絶するといっていい。熊に襲われる危険はもちろん、滑落などの事故で怪我はもとより、最悪の場合は生命を落とすこともあり得る世界なのである。

「そういうようなわけだでハ……」

松橋さんは一息入れるように呟き、

「カイザキさんだばイワナ釣りなんかで源流あたりまで行ってるから険しい場所さ慣れでると思うども、熊さ猟するところはそれとは全然違う。カイザキさんの安全さ考えれば、やっぱり、あぶネ……」

諭《さと》すようにいうのだった。つまり、松橋さんがいうのは、私を連れて行けば他のマタギさんたちの荷物になるとか、猟のじゃまになるとかいうのではなく、連れて行って万一何らかのアクシデントが起これば取り返しのつかないことになってしまう、という私の身の安全を配慮しての〝ダメ〟だったのである。

そして、その年の熊猟も終わる日が迫ったある日、私は何の予告も無しにマタギ部屋に呼ばれた。部屋に入り、何事かと緊張する私に松橋さんは澄んだ目を向け、

「そんなに山さ行ぎてか……私がたは猟に入ってるわげだからカイザキさんの面倒さみるわげにいかネ。だども自分のことさ責任持ってついてこれるなら連れていぐ……」

どうだ？　といったあと、喜び満面の私を制するように、ただし、と言葉が続いた。

「マタギの猟は共同猟だから、決して勝手な行動はしないように。みんなに迷惑さか

げるから、それは守るべし……！」

思わずどきりとするほどの厳粛な響きが心の奥底に伝わった。

この年の熊猟に同行したことがきっかけで私はその後も比立内の松橋さんを頻繁に訪ねるようになった。行くたびに松橋さんについて山に、入る……。そう、松橋さんは山に向かうとき、決して「山に登る」とか「山へ行く」とはいわず、必ず「山さ入る」といっていたように記憶している。それはたぶん、松橋さんにとって山は仕事の場であるという強い意識から来ているのではないか、と思われる。春夏秋冬、さまざまな季節に松橋さんと山に入ったが、入るたびにそんな思いを強くしたものであった。

熊猟だけでなく、ウサギ猟や山鳥猟に行くこともあったし、山菜採り、キノコ採りについていくこともあった。が、どんな場合でも松橋さんの山に向き合う姿は山という自然と一体化して感じることができるのだった。ときには声をかけるのがはばかられるほどの緊張感を感じることもあった。雑ないい方かもしれないが、それは趣味や遊びで山に入った行動ではなく、すべてが暮らしに密着した世界といえばいいだろうか。行動のひとつひとつから滲み出てくる智恵の輝き。そのあまりの見事さに私は圧倒され、黙して驚嘆するしかなかった。

山で得るものは「山神様《サンジン》からの授かりもの」という。「山神様」とはマタギの人たちにとっての自然を象徴する言葉であり、彼らの行動の規範となる〝思想〟といってもいいだろう。その「山神様」が授けてくれるという思想は、マタギの自然に対する敬虔な姿勢でもある。松橋さんと山に入り、夕方、里に戻ると松橋さんの背負い荷物袋の中には「山神様からの授かりもの」がいっぱい詰まっていることが珍しくなかった。同じところを歩いているのにどうしてこれほど違うのか、と思いながら、

「いつの間にこんなに……」

採ったのか、と訊くと、

「カイザキさんだば、何見で歩いてた？」

違うのは当然だヨ、とでもいうように破顔していうのだった。

しかし、授かりものがあるといっても無限では、ない。松橋さんは強欲に採ることを決して許さなかった。たとえば山菜採りで山ウドが五本あったとすると、三本をいただいてあとの二本は必ず残す。しかも来年再生できるように根は残して切る。

「何でもそうだども次に残しでいくことさ考えねばならネ。それが山神様に対してのお礼だべしゃ。私どもはずっとそうして暮らしてきたんだもの……」

その言葉が重く響いた。

山でのことはもちろんだが、松橋さんにはマタギの世界、里の暮らし、山人の智恵など実にさまざまなことを教えていただいたと思う。松橋さんとの接し方が密になっていくに従って、私はマタギとしてだけの松橋さんではなく、深く自然と関わりながら生きてきた一人の山人の生きざまを書いてみたいと痛烈に思うようになっていた。その気持ちを強烈に、決定的に誘引したのはいつだったか松橋さんが山でポツリと呟いた言葉だったかもしれない。

「人間も偉そうにしているけれど自然の一部でしかないのっしゃ。だから人間が勝手に作った掟《おきて》で自然を縛ってはなんネ……」

時代の遷《うつ》り変わりを写すようにマタギの世界も驚くほどに変化してきた。銃や狩猟道具の進化、狩猟に関する法律の変遷、山はもちろん自然を崩壊させるとしかいいようのない〝開発〟、そして山里の集落の近代化……。マタギとして暮らしてきた人びとがひとり、またひとりと亡き人となって姿を消し、マタギが減っていく。今やマタギは伝説化し、虚構の世界になっていこうとしている。かつて私が熊猟に同行させてもらったとき、初猟を無事終えることのできたご褒美としてマタギの魂ともいう山鉈《ナガサ》を鍛《う》ってくれた鍛冶屋の西根稔さんを始め、何人かのマタギの人が今はもういない。

時代が変わっても最後までマタギとしての矜持《きょうじ》を失わなかった松橋時幸さんも平成

二十三年一月の年明けに帰らぬ人となってしまった。誰もが気づかないほどの静かな息の引き取りようだったという。

時代は変わっていくが、しかし、わずかながら比立内マタギの伝統をつなぐ希望も、ある。次女悦子さんの夫として松崎家に婿入りした利彦さんが、現在の松橋家（旅館）の当主であると同時に比立内マタギとして優れた責を果たして暮らしているからである。時代は変わっても比立内マタギの神髄は守られていくにちがいないと思う。

第十四世マタギ、松橋時幸師。私にとっては他に無き山の師匠である。

南無、合唱……。

平成二十六年八月

甲斐崎 圭

伝統的なマタギ装束を
身に付けた松橋時幸
（写真＝勝峰富雄）

解説　一人のマタギが遺したもの

田口洋美

当たり前のことだが、一人の人間が持っている経験や知識が醸し出す世界は、単にその人個人の経験や知識という世界に止まるものではない。その人をめぐる周囲の人々との関係、その人が生きてきた地域やさまざまな時代を通じて他者からもたらされた知識や地域の語り、あるいは地域集団としての歴史、常識、感性、思考、価値体系、物事の判断基準に至るまで、ありとあらゆる情報、知恵、知識が個人の中にそそがれ、混ざり合い、醗酵した膨大な体系にすらなりえるものである。そこに一人一人の人間の重さがある。人は個人以上の何者かなのだ。

ただ、人は自分の中に蓄積されてきた膨大なるものを日常の中で意識してはいないし、自分自身が有する深遠さに気づこうともしない。人々は生活のために、生き延びるためにその知識や経験を記憶の中から引き出し、考える。思い出や喜びや哀しみも含めて、それは経験という知的体系の中に実に不思議なほど見事に整理されて記憶されているのである。現代の日々の生活の中では、新聞や雑誌、ネットなど、時々刻々新しい経験や知識情報が加わり、肥大化し整理され、書き換えられ更新しつづけている。日本国内に暮らしながら世界中のニュースに触れ、文化や歴史にも触れる。たった一人の人生の中にいかに膨大で深遠な世界が内包されていることか。そして中には常人とは思えないほどの記憶と経験を有している人に出会うことがある。そこに私たちのような記録者や研究者、作家たちは驚き、仰《の》け反《ぞ》り、鳥肌立つ瞬間を味わうことになる。また、その驚きゆえに私たちは新たな出会いを求めて旅をつづけもするのである。

甲斐崎圭さんの『第十四世マタギ　松橋時幸一代記』も、まさに個人が内包する世界の奥深さに驚かされる作品である。実は、この本が世に出て行くプロセスを私は傍《かたわ》らで見ていた。当時、私も甲斐崎さんと同じ時期に秋田県北秋田郡阿仁町（現在の秋田県北秋田市阿仁町）を訪ね、マタギたちの話を聞いて歩いていたからである。

甲斐崎さんが阿仁を初めて訪れたのは昭和六十（一九八五）年の秋のことであったという。当時は、まだ太平洋戦争中から昭和三十年代まで続いた毛皮バブルの最中にマタギを覚え育った血気盛んな換金狩猟（生活狩猟）を知っている猟師たちが阿仁地区にたくさんいた時代であった。当時の阿仁の猟友会は、阿仁合《あにあい》地区と大阿仁地区に分かれていたが両者合わせて一三〇名ほどの会員がいた。そのうち阿仁合地区に七〇名以上の会員がいたのである。現在では両者合わせて四〇名ほどと三分の一に減少している。一九八〇年代後半、本書の主人公である松橋茂治、時幸親子の暮らす比立内《ひたちない》集落には彼らのほかに松橋金蔵さん、鈴木梅吉さん、松橋勇次郎さん、一美さん親子もいた。そして、当時比立内の親方としてマタギたちをたばねていた松橋芳蔵さん、当時若手の参謀であった松橋勝次郎さん、現在比立内の親方を務めている松橋吉太郎さんと、当時はオールスターといえば大げさかも知れないが、阿仁を代表するマタギたちがそろっていたのである。比立内以外、打当《うっとう》集落には鈴木松治さん、鈴木辰五郎さん、戸鳥内《ととりない》集落には柴田茂さん、根子《ねっこ》集落には当時最高齢であった村田佐吉さんらがおり、彼らは等しく、マタギの歴史と文化を背負い、懸命に山やケモノたちと向き合って生き、またその世界を次世代へと語り継ぐ努力をしていた。

あれから四半世紀が経過し、数多くのマタギたちが世を去った。そして残念なことに松橋茂治さんが一九九五年に、時幸さんも二〇一一年一月四日に旅立たれた。

しかし、本書が残された。本書によって後の世の読者諸氏は松橋時幸という一人のマタギがどのような日常を送っていたのか、あるいは地域の歴史と文化を自覚的に背負い、これを受け継ぎ次世代へと継承することの意味を探り、模索しつづけていた姿を、その人自らの語りを通して触れることができる。いつの時代にも手にとってマタギ松橋時幸の世界に触れることができる。これは福音であろう。

マタギという生き方は、単に山に入りケモノを捕らえることではない。農業をし、林業をし、そして漁撈《ぎょろう》も行い、山菜やキノコ、薬草の採取もし、木の実を採取し、加工して保存し、そしてケモノを捕獲し、これを加工して販売できる物は販売し、生活してきた。その生活全体が山に生きてきた人々の母体である。つまり、彼らは山に生きるゼネラリストであった。

ところで、マタギという言葉自体は狩りという行為を意味し、これを実践する狩人、猟師を指す言葉であり、その意味は極めて狭く、狩りのスペシャリストという意味合いが強い。現在では、マタギという言葉は自由に用いられ日常語ともなっている。しかし、太平洋戦争以前の阿仁では、日常語としてマタギという語は存在しなかったと聞いている。当時、阿仁で狩人や猟師は「鉄砲撃《ぶ》ち」と呼ばれ、また当人たちもそう自称していた。「鉄砲撃ち」以外の語では、かなり広い意味の言葉であるが「ヤマダチ」といった。「ヤマダチ」とは「山立」「山達」などと書き、山を生きる場としてきた人々を指す言葉であった。諸国で狩りをする特権を与えられたというマタギの出自を語る巻物、日光派の『山立根本之巻』、高野派の『山達由来記』に記されている「ヤマダチ」である。さらに阿仁では一人マタギがマタギの究極の姿、理想像とされていた。一人マタギとは、犬を一頭連れた単独行動をする猟師のことであった。そしてこのような一人マタギ、山の達人を「ヤマダチサマ」といって尊び、慕い、敬意をはらったとも聞いた。しかし戦後、高度成長とともに文芸作品などにマタギの語が多用され、一般化する中でかえって「ヤマダチ」という一般的な語が消え、マタギという特殊な語が前面に出るようになった。マタギはマタギ言葉、あるいは山言葉や猟言葉と呼ばれたりもするが、狩猟の際に使用された特殊な言葉で狩人を指す語であった。このため猟以外での使用は忌まれた。ただ、狩猟に携わる人々にあっては隠語、仲間内の言葉として使用されることもあった。つまり日常の中で、周囲の人に聞かれてはまずい会話をするときにマタギ言葉が用いられた、ということである。今でいえば業界用語や符牒《ふちょう》に近いかも知れないが、排他性の強い言葉であったことは確かである。このため山の神信仰とのつながりから説明されることが多い。

しかし、時代の流れであろうか。本来、山に生きる人々としての「ヤマダチ」という言葉が廃れ、狭義の意味で狩人を指す「マタギ」という語が一般的名称のように普及してしまった。そこにマタギという語が持つ意味の難しさがある。これは今後の議論を待つことになるが、マタギという言葉を時代に即して定義づける必要があるだろう。

現代を生きるマタギたちの生活は今もなお複雑である。それは市場経済の浸透と共に大きく変化しながら今日に至っている。マタギはヤマダチの一部であり、農業を基盤とした定住生活であるが、農業だけで食べてゆくには困難を伴った。それはこの地域が寒冷な地域であるからであり、水田でイネを作るにしても収穫量が安定し、供出米など他所へ生産物を出荷できるようになったのは太平洋戦争後の昭和三十年代になってからであった。このため、農業を基礎とする生活を維持するには出稼ぎや職人として他郷へと出て行く生き方が求められた。

現代を生きる私たちにとって、太平洋戦争以前の生活を想像することは決して簡単なことではない。多くの人々が会社などの組織に雇われ、月々の給与で生活をやりくりする計画性のある日常を当たり前に営むようになったのは高度成長期以降のことなのである。それまで多くの地方の中山間地は、そのほとんどが農業を基盤生業としながら、これを保管するために副業を持っていた。その副業が林業であったり、狩猟や漁業であったり、出稼ぎをする大工や樵《きこり》、炭焼き人足、筏師《いかだし》、屋根葺《ぶ》き職人などの職人集団に組することであったりした。地域によっては和紙、織物、漆器《しっき》作り、あるいはさまざまな芸能に関わり、他郷へ出て収入を得るという地域もあった。

阿仁の場合、この副業としての出稼ぎが盛んであり、杣夫《そまふ》、木挽《こび》き、筏師、炭焼き、鉱山師、鉱山人足、漆掻き職人、下駄職人といった手仕事。さらに渡世のマタギ稼ぎと呼ばれた出稼ぎ狩猟のデアイマタギ（旅マタギともいう）。さらには熊の胆《くまのい》やサンコウ焼き（ニホンザルの頭骨の黒焼き）など動物資源を使った漢方薬の製造販売、いわゆる売薬行商なども盛んであった。これらは近世幕藩体制下の佐竹藩の政策の一部として展開されてもいた。

多くの出稼ぎは、田畑の収穫がはじまる初秋、秋の彼岸から春の彼岸までのおよそ半年近くにおよんだ。旅マタギも例年遅くとも十月下旬には出稼ぎ先へと旅立ち、翌年の春に戻るのが一般的であった。無論近世までの時代は徒歩での旅であり、二、三人一組で遠くは長野、岐阜、富山、福井といった中部北陸地方にまでその足跡を残している。

実は松橋時幸さんの葬儀の折に、親戚であるという福井県の方にお会いした。詳細については聞けなかったが、血縁者が北陸地方にまでおられることを知ったのである。阿仁の人たちの血縁者のつながりは実に広い。北関東、中部北陸、北海道にまで及ぶ。この多くは近世以来の出稼ぎの伝統が、人間関係を遠方にまで広げることになったと思われる。そこには一重に、秋田の中山間地域がいかに生きてゆくためのしたたかな努力を重ねてきたかを垣間見ることができる。人々は決して楽をしながら今日の生活を築いたのではない。長い歴史の中で、ひたむきに一つ一つを積み上げて今日の生活を築き上げてきたのである。

現在、狩猟に関しては農作物被害や人身事故等の発生が際立つ反面、狩猟者の減少が止まらない。このため社会的な狩猟の役割が叫ばれるようになり、若手狩猟者の育成、狩猟の普及啓発がいわれはじめている。クマやイノシシ、ニホンジカなどがその生息域を拡大し、個体数を増やしていることが確認されてきているからである。しかし、本書が書かれた一九八〇年代後半はバブルの最中、動物保護思想が台頭していた時代であった。その時代、マタギの文化は滅びるもの、消えゆく文化として捉えられていた。つまり、マタギという言葉がもてはやされ普及してゆくなかで、マタギという実践者は動物保護という思想の隆盛の中で動物の命を奪う側として追われてもいたのである。しかしそれから四半世紀もたたずして、狩猟がまたもてはやされはじめている。こうした社会の揺れを知る上でも本書は深い意義を持っているといえるだろう。

（たぐち・ひろみ　東北芸術工科大学教授）

本作品は、一九八九年に筑摩書房より単行本として刊行され、その後、一九九六年に中公文庫として文庫化されました。本書は、筑摩書房版を底本として一部加筆・訂正し、再編集したものです。記述内容は当時のもので、現在とは異なる場合があります。

甲斐崎 圭（かいざき・けい） 一九四九年、島根県生まれ。作家。主に自然を相手に生きる人々のルポルタージュを手がける。著書に『山人たちの賦 山暮らしに人生を賭けた男たちのドラマ』（山と溪谷社）、『羅臼―知床の人びと』（マガジンハウス・中公文庫）、『海を喰らう山を喰らう 全国「漁師・猟師」食紀行』（日本経済新聞社）、『もうひとつの熊野古道「伊勢路」物語』（創元社）、『紀州犬 生き残った名犬の血』（光文社新書）、ほか多数あり。

地図製作＝株式会社千秋社　校閲＝後藤厚子
カバーデザイン・本文ＤＴＰ＝高橋　潤（山と溪谷社）
編集＝勝峰富雄（山と溪谷社）

第十四世マタギ　松橋時幸一代記

二〇一四年一〇月一〇日　初版第一刷発行

著　者　甲斐崎　圭

発行人　川崎深雪
発行所　株式会社　山と溪谷社
郵便番号　一〇二―〇〇七五
東京都千代田区三番町二〇番地
http://www.yamakei.co.jp/
■商品に関するお問合せ先
山と溪谷社カスタマーセンター
電話　〇三―五二七五―九〇六四
■書店・取次様からのお問合せ先
山と溪谷社受注センター
電話　〇三―五二一三―六二七六
ファクス　〇三―五二一三―六〇九五

本文フォーマットデザイン　岡本一宣デザイン事務所
印刷・製本　株式会社暁印刷
定価はカバーに表示してあります

Printed in Japan ISBN978-4-635-04780-7